政治を選ぶ力

橋下 徹・三浦瑠麗

文春新書

1219

政治を選ぶ力◎目次

第一章　日本の未来の選び方　7

政治をきちんと評価するには／「政策より人」か「人より政策」か／数字を使った評価／「批判のための批判」か『将来の与党』としての批判」か／政治の選択とは、「よりマシな選択」／保守かリベラルかは意味がない／「動く政治」か「動かない政治」か／「日々の民意」と「選挙の民意」／国民投票を多用することの弊害／政治は結局熱量

第二章　経済政策に新しい評価軸を　55

アベノミクスをどう評価するか／ゴールがコロコロ変わるアベノミクス／生産性と女性の働き方／流動性を軸として雇用者をケアするには／外国人労働者を日本のメンバーに／消費税は簡素でフラットな税制／相続税一〇〇パーセントを主張する理由／課税をしすぎると投資の原資が減る／保険制度はメカニズムから変えるべき／官製コントロールかマーケット重視か／加計学園問題の本質は需給調整にある／官にしか出来ない仕事とは／大阪城を民間に開放してみたら／補助金が市場をゆがめてはいないか／嫉妬は政治の熱になる

第三章　外交・安全保障　日本の進む道　125

ルールを守る国になる／実は外交に選択肢はない？／アメリカではなく中国を選ぶことはできない／外交は勝つことがすべて／孤立主義は可能なのか／安全保障は選挙の争点になるのか／〝雄叫び派〟か〝腹黒派〟か／日本外交に理想がない／「自由貿易」か「保護貿易」か／リアリズムで中国とは向き合え／北方領土問題でチャンスを逃した野党／北朝鮮には「圧力」か「経済支援」か／徴用工問題の解決策／韓国と同レベルの対応はしない／安倍政権よりアメリカに擦り寄ってもいい／日本は「軍事大国」になれるのか／トップダウンとボトムアップのバランス／危機管理問題の対応策は三つある／公文書を残さないのは日本の弱点／9条改正問題の論点／靖国問題の解決策はA級戦犯の分祀／歴史問題は腹黒型で考える

第四章　政治家の仕事とは　217

中央集権か地方分権か／役所が市場をゆがめている／「全国一律」の基準は弊害／女性や児童を守るための法改正／女性の視点で改革ポイントが見えてくる／大学自

体に改革の熱量がない／大学は「教育機関」でもあり「シンクタンク」でもある／政治家は「権力」をどう使うのか／一〇〇パーセント正しい政治判断はない

おわりに　三浦瑠麗　247

第一章　日本の未来の選び方

政治をきちんと評価するには

三浦　橋下さんが政治の現場から退いて四年になりますね。大阪府知事、大阪市長としておよそ八年、大阪都構想をはじめ、さまざまな改革を立ち上げました。その決断や言動はいつも世の注目を集めてきましたが、メディアなどでは橋下さんの存在感ばかりがクローズアップされて、ともすれば話題づくり、人気取り先行のポピュリストというレッテルを貼られていたように思います。

しかし私は、橋下徹という政治家は、自分の原理原則、もっと言えば強い政治理念を持った、今の日本では珍しい存在ではないかと考えてきたんですね。

また、日本第二の都市圏で行政の責任を担ってきただけでなく、維新の会という政党をつくり、府議会・市議会でも与党の座をキープしてきた。いまも橋下さんの「政界復帰」は、幾度となくメディアで取りざたされていますが、政治の現場を離れ、少し俯瞰した立場で政治を語っている橋下さんに、あらためて、日本の政治をどう見ているのか、聞いてみたいと対談を提案したんです。

橋下　こういう機会をもらえて嬉しいです。僕が三浦さんと話してみたいと思ったのは、政治家の選び方、政治の評価のしかたなんですね。現職時代から日本の政治を取り巻く環境にはずっと不満があったのですが、なかでも大きかったのは、政治へのきちんとした評価がなかったことでした。政策を提示し、有権者に支持されて当選したら、それを実行する。そして結果に対して評価を受ける、というのが、政治を評価するプロセスだと思うのですが、いま言われたように、橋下は態度が悪いというレベルの批判は山ほどいただきますが、政策に対して、こちらが納得せざるを得ないような批判は少なかった。

政治家を辞めて、本業の弁護士のかたわら政治をウォッチするなかで思ったのは、そもそも今の日本には、政治を評価するための、きちんとした軸が存在しないということです。軸がないために、政治をする側もそれを評価する国民（有権者）も言っていることが毎回ブレる。

ご存知のように、府知事や市長時代の僕は、勉強もせずに質問する記者や明らかな悪意をもった取材者に「バカ」「アホ」などと強い口調で攻撃したものだから、単なるメディア嫌いだと思われているかもしれません。しかし、法律家として憲法を勉強してきたこと、政治家になる前には実際にコメンテーターとしてメディア側で政治を批評してきた経験があることから、政治とメディアは両輪の関係にあるということは十分に理解していました。民主国家の政治家は、有権者に支持されてはじめて政治ができます。ゆえに政治家は有権者の意向を非常に気にしますが、その有権者を代弁するのがメディアであり、メディアが正しく政治を批評すれば、政治は正しい方向に向かい、間違った政治批評をすれば、政治は間違った方向に向かってしまう。だから、民主政治においてメディアの役割は非常に大きいわけです。だからこそ、メディアや政治評論家などには、政治を評価する軸をきちんと示して欲しい。

三浦　ええ。評価軸が定まらない原因はおそらく二つほどあります。まず現代の日本政治の対立軸は、いまだに冷戦構造を引きずっています。憲法と同盟をめぐる対立が残っているからですね。そうしたわけで、先進国の中でも日本の左右対立は特殊なのです。こうした対立は次第に世の中の実情とは合わなくなってきていて、その対立に興味を持つ人自体が減っている。日本で政治に無関心な層が増えている理由でもあります。また、自民党が一党優位であるために、自民党対それ以外、という構図になりがちなのも、日本の政治をめぐる客観的な評価軸が育ってこなかった理由の一つです。ただ自民党が巨大すぎる、官邸主導が問題だと言っているだけでは、政治を客観的に評価することは難しい。現実の政治評論では政権対反政権の構図ばかりが幅を利かせ、客観的な評価軸の議論には至っていません。

橋下　とはいえ、今のメディアはダメだと言っているだけでは、「なんでも反対」の野党と同じで建設的でないし何も生まれません。まず自分から、自分なりの政治の評価基準をはっきりさせようと思ったのです。もちろん僕の考えが一〇〇パーセント正しいわけではない。そこで三浦さんの意見も聞いてみたいと思っています。

また、政策について自説を主張するだけではなく、二大政党制を前提に、与野党各党が採り得る各政策の方向性についていくつかの選択肢を示していきたい。仮に自説とは離れていても「こういう選択肢があるんじゃないか」「こうすれば対立軸になるのではないか」と提案することで、それを基に読者の皆さんが政治家、政党を選ぶための自分の物差しを作ってくれればいいと思っています。

「政策より人」か「人より政策」か

三浦　まずは「人」に過大に注目する評価から、基本的な政策志向の評価へと軸足を移す必要があります。これまでの日本の政治評論、政治家への評価は、いわば「政策より政局」「政策より人」に著しく偏っていたと思います。たとえば、政権の評価でも「今度の内閣は大物ぞろいだ」とか「この人とあの人は犬猿の仲だ」といった感覚的人物月旦に重きが置かれていた。それは永田町の内輪の論理なんですね。「誰それと誰それが料亭で密会した」とか「二人は仲が悪い」とか、そういった人間関係で政治が語られてきたわけです。

橋下　それはあくまでもサブの情報ですね。有権者が政治を評価するときに、メインとなるような情報ではない。

三浦　人物本位の選挙というのは、結局、政治家個人の人気投票となってしまう。これはおそらく衆議院選挙が中選挙区制だった頃の名残りという側面が強いと思います。中選挙区では、同じ自民党からも複数当選者が出るために、政党や政策を選ぶというより、政治家個人を選ぶ傾向が強かった。すると結局、人間関係で地元にどれだけ利権をもってこられるのかといった点が重視されてしまうのです。

実際、現在でも投票行動を分析すると、パーソナルボート、つまり政党よりも政治家個人に注目して投票を決める傾向は、高齢者ほど顕著に現れています。それに対して、四十代半ば以下の世代は、ほとんど小選挙区制しか経験していない。すると、投票のときに重視されてくるのは政治家のパーソナリティではなくて、政策や政党の理念になっている。そこに世代間の大きなギャップがあると思います。

いまの安倍政権に対しても、政策の前に「安倍晋三が好きか嫌いか」だけでまず判断されている。橋下さんの大阪府政、市政への評価も同様で、政策論の前に「橋下徹が好きか嫌いか」で、まずスタンスが決まっていましたね。

橋下　基本的には、僕もパーソナルな部分の評価から政治グループや政党の評価、結論的には政策や実行力の評価に、軸が移っていくべきだと思っています。

三浦　逆に、橋下徹という人物に注目が集まったことで、メディアや識者の中で大阪の政治の分析がおろそかにされた部分がありますよね？　二〇一九年の統一地方選と首長のダブル選で維新が大勝した時に、東京のメディアはかなり衝撃を受けていましたが。橋下徹の暴言にメディアが引き付けられたことで、かえって橋下さんの思うとおりに踊らされた部分もあれば、本質から目がそらされて議論が進まなかった部分もあるのではないかと。

橋下　僕は口の利き方も乱暴だし、あまり立派な人物だとは思われないかもしれませんが（笑）、そこをどれだけ攻撃しても意味がなくて、大阪維新の会に勝とうと思ったら、維新の会が何をどう変えたのか、逆に変えなかったのか、すなわち政策とその実行力を、きちんと数字を使って分析し、維新の会より魅力的な提案をしていくしかないはずです。

実際に、僕が大阪維新の会の代表や大阪市長を辞めてもう四年近く経っています。たしかに僕は維新の会を創設しましたが、現在何の役職にも就いていません。しかし、僕がいなくたって、大阪維新の会は先の四月七日に行われた、大阪府知事・市長のダブル・クロス選挙や、府議会・大阪市議会の議員選挙で圧勝しました。今、安倍自民党一強と言われ、国政の野党はまったく太刀打ちできない中、大阪においては大阪維新の会が独り勝ちです。吉村洋文《ひろふみ》大阪府知事、松井一郎大阪市長や大阪維新の会のこれまでの実績がきちんと評価されており、政治家個人の人格攻撃をしたところで意味をなしません。大阪では政策本位、政党本位の選択がなされるようになってきていると強く感じます。

三浦　それは大阪が大都市だということも大きいんでしょうね。都市部と地方を比べると、やはり都市部のほうが「人より政策」を軸とする傾向が強い。

たとえば安倍政治を批判する人は、首相としてのリーダーシップを「官邸独裁」といって批判しますね。でも、安倍さん一人が「独裁的な政治を行おう」として、この状況を創り出したわけではありません。第二次安倍政権以前の日本の政治は、一年くらいでコロコロと首相が代わり、国民も嫌気がさして安定政権を望んでいた。制度的には、九〇年代からの政治改革、行政改革の流れがあります。汚職をめぐる批判、官僚批判、国民がないがしろにされているという批判があって、政治に強いリーダーシップを求める声があったわけです。「政治主導」という言葉は、そういう大きな流れに基づき、民主党政権が受け継いだものでもあります。

安倍さんの官邸主導政治はそうした時代や国民の要請の中で生まれたものであるというのが、議論の大前提です。安倍さんは政治主導、官邸への権力集中の仕組みを十全に使っている。ただその中で、いろいろ問題が生じてきているわけです。だから安倍政権を批判するのは構わないし、制度を微修正したり、政策を軌道修正する議論はどんどんなされるべきですが、感情論ですべてを否定してしまっては、議論は深まっていかない。

これはメディアだけではなく、野党にも言えることです。政府がどんな政策を提案しても「安倍さんだから反対」としか言わない野党では、現役世代や都市部での支持は広がっていきません。

数字を使った評価

橋下　この本で、政治を評価する指標として重視していきたいのは、「数字」ですね。保守やリベラル、右や左という、もうカビの生えた腐ったイデオロギー概念ではなく、「数字」。これだけ統計やリサーチの方法が多様化し、精密なものになり、マーケット分析や人々の行動分析などに活用されているのに、政治の場ではこれらが活かされていないことは大問題です。

三浦　投票行動のデータ分析などは、相当のことがわかるようになってきていますよ。実際に政治学者と大手紙が提携した世論調査などは継続的に行われていて、定点観測に適していています。それに、ファクトに基づいた議論をしようというのは研究者の提唱しているところでもあります。ただし、橋下さんがおっしゃるようなマーケティング的な分析手法を日本で導入している政党はない。海外ではすでにマーケティング的な分析手法が取られており、ターゲティング戦略と併せて精緻《せいち》化が進んでいます。私のシンクタンクで行っている試みのひとつは、そうしたマーケティング調査の先端的手法を政治や選挙の分析に持ち込んでいることです。

橋下　巷《ちまた》の投票行動分析も、選挙が終わった後に事後的に分析・評論するものが多いですが、実際に選挙で票を獲りに行こうというときには役に立たないものが多いですね。実際に票を獲りに行く際に必要な情報と巷の分析にはかなりズレがあります。これは別で論じましょう。このような選挙分析や投票行動分析はともかく、僕の政治の結果に対しても、数字を使った批判というのが少なかった。あったとしても恣意《しい》的に切り取られたもので、

「橋下を批判するために抜き出した数字」が多かった。後から調べてみたら全然違っていた、なんてことも結構ありましたね。

たとえばＧＲＰ（地域総生産）で大阪府が愛知県に抜かれて二位から三位に転落したという報道がありました。これをもとに内閣官房参与の職にあった京都大学の藤井聡氏をはじめ多くの学者が「維新政治、橋下政治の失敗だ」とボロカスに批判してきた。あまりにも言われるものだから、こっちも確認してみると、何のことはない、近年ＧＤＰも含めて国民経済計算（ＧＤＰ統計）の計算方式が変更されていたんですね。研究開発費など、これまでは総生産に組み込まれなかった数字が入るようになった。すると、トヨタ自動車のように巨額の研究開発費を投じる企業がある愛知県が計算方式の変更によって上位にきたわけです。過去に遡って、この新しい計算方式を適用してみると、僕が府知事になる前から、すでに大阪は愛知に負けていて三位だったことがわかった。これはひどい、専門家であるはずの学者がこんないい加減な数字の扱い方をするのか、と呆れました。

またこの学者たちは、大阪の府民所得の低下をことさら取り上げて維新政治を批判してきましたが、府民所得は就労していない者も分母に加える数字です。地域経済の状況をより表す数字としては、就労者の報酬である雇用者報酬というものもありますが、これは大阪はずっと全国で二位のままなのです。経済学者と称する者でも、数字を使って政治を評価するのはこのレベルです。

さらに「大阪は児童虐待の数も、街頭犯罪率も全国ワースト1だ」という指摘は何度もされたけれど、確かに全国的な順位で比較するとワースト1なんです。しかし、僕が大阪府政、市政にたずさわってからのトレンドをみると、はっきりと減少傾向になっていました。政治を評価するなら、一時点の数字を見るだけではなく、その政権の間にどれだけ改善されたかという「変化」をみなければなりません。一時点の数字ではなく、トレンドをみるべきなのです。また、他や平均と比べてどうなのかという「他者比較」もみるべきでしょう。

三浦　数字が批判のための批判に使われてしまっていますね。それは本当の意味で「政治を数字で語る」ことにはなっていません。

実際には、有権者が実感している景気の動向や治安の改善・悪化は、確実に投票行動に影響していると思います。たとえば株価の動きはどの層の国民の投票行動にどれくらいの影響を与えるのか、きちんと分析するのが、本当の政治評論だと思うし、それは実際の政治にも役に立つ。もっと政治に科学を持ち込むべきなんです。

橋下　僕も政治に科学を持ち込むことには大賛成です。数字で批評されるようになると、政治の側も「この数字を重視していこう」ということになる。それは有権者に応える政治の精度を上げることにつながります。

ただし単なる政治評論とは異なり、票をかき集めて勝利しなければならない選挙という特殊な場面においては、政策を語るだけではなく有権者に実感させることが重要です。投票行動分析に基づいて有権者の関心のある政策を語るだけでは選挙には勝てません。

国政の野党はここを勘違いしていますね。国政野党は有権者にどう実感してもらうかを第一に考えなければならない。僕は野党にとっては投票行動分析よりも、地方の首長を獲って野党政治を実感してもらうことが第一だと考えていますが、野党はそのような行動をとらない。逆に政権与党は、投票行動分析に基づいて有権者に実感してもらう政治をやり続ければ、選挙の際に慌ててテクニカルな戦術を考えなくても選挙に勝てる。

選挙で票を得るには、いかに有権者の感情を引きつけるかというところが重要で、ここは巷の選挙分析が焦点を当てているところとは違うというのが選挙をやってきた当事者としての実感です。僕が政治家のときには選挙において票をかき集めるための情報・分析が巷にはなかったので、世論調査等の情報を基に、僕が独自分析をしていました（笑）。

今回は選挙で票をかき集めるという特殊な場面を離れて、有権者が政治を評価する場面において、具体的に、どういった数字を尺度にしたらいいのか、このあと、テーマに即して検討するとしましょう。

「批判のための批判」か『将来の与党』としての批判」か

三浦　批判のための批判といえば、有識者を国会に呼んで意見を聞くときのスタイルも、与野党で違いますよね。

ある予算委員会では、与党側の公述人は、基本的には政府の政策に賛成。しかし、その一方、「ここが問題だと思う」とかなり具体的な指摘をして、与党の手法を批判し、修正を促していました。それに対して、野党側の公述人は「アベノミクスの成長の数字は根拠がない」とか「数値に不正がある」という主張に終始しました。これだと政治家とあまり変わりばえがしませんね。問題点を指摘し、日本をこうすればいい、ああすればいいという選択肢や修正案を提示するためのファクトであってほしいなと思います。でなければ、政権交代した時も同じことが繰り返されるだけだからです。

橋下　よくわかりますね。僕自身もそういう学者には随分やられたけれど、批判のための批判だけをいくら繰り返しても時間の無駄でしょう。

三浦　本来なら野党も、自分たちで数字を出して評価すればいいんですよ。たとえば今年に入って安倍総理が「民主党政権は悪夢だった」とする発言を報じられ、騒ぎになりました。安倍総理は経済政策のことだと弁明しましたが、反論する岡田克也衆院議員の質問は原発事故の件にばかり終始していて、嚙み合わなかった。「民主党政権の経済政策に対する評価は、リーマンショックや東日本大震災後の混乱などのマイナスを差し引いて考えなくてはならない」とか、説得力を持ちうる論点はあるはずです。

日本の有権者の多くは、ある意味、現実主義者で、最終的には「批判」よりも「実利」なんですね。ワーワー文句だけを言っている人は信用されず、地道に結果を出している人を好む。その意味では、いまの野党は自分から政権を取れない方向に行ってしまっています。何とかして方向転換して頂きたいのですが。

橋下　僕は日本の政治において、野党の存在は非常に重要だと思うのです。国民は政治のあり方を選ぶことが出来る。これが民主政治の基礎中の基礎だと思うのですが、野党がしっかりしていないと、もっと言えば政権担当能力を持っていないと、国民には選択肢が与えられないことになる。

いまメディアや野党は、安倍政権について「長期政権のおごりだ」なんて言いますけど、与党というものは良かれ悪しかれ、つねに批判を受けている。野党、メディアだけでなく、経済がうまくいかなくなれば経済界からも文句を言われ、これまでとは違った政策を進めようとすると官僚組織や党内からも抵抗されるわけです。政策はそれによって揉まれていく。ところがいまの野党は、そうした政策を鍛える仕組みを持っていないのではないでしょうか。

三浦　政権に協力すると政権の手柄になってしまうというジレンマなのでしょうが、いまの野党に欠けているのは当事者意識ですね。本当に政権が取れると思えば、今、自分がしている批判は与党になったあとの自分たちに降りかかってくる。生産的な批判をするためには、自分たちが与党になるんだという緊張感をもたないといけません。

橋下　今の野党は、自民党を批判していることについて、自分たちが政権をとったときにきっちりとできる自信があるのか。ここがほんと怪しい。自分たちができもしないことを政権与党に求めたり、自分たちは永久に政権を獲らないことを前提にして政権与党を批判したりしているような気がしますね。有権者もそれを感じているのでしょう。僕も政治家の経験を積んだので、むやみやたら政治を批判する気力が失せました（笑）。常に、自分だったらそれができるのか、と自問するようになり、自分でもできないようなことを、相手に求めることは控えるようになりました。

政治の選択とは、「よりマシな選択」

橋下　野党は、与党とは異なる政治の選択肢を提示することが重要な役割です。与党と同じ意見ならば、野党は必要ないでしょう。たとえば経済政策ならば、与党の政策を「競争原理のいきすぎだ、格差を是正して平等な分配を実現せよ」と主張するか、あるいは逆に、「もっと競争原理を徹底して、経済成長をもたらすべき」と主張するか。前者は与党政治とまったく異なるベクトルの提示。後者は与党政治のベクトルは評価し、さらにそれをより強力に推し進めるという提示。特に後者の「さらに一歩前へ」型の主張は、いまの野党にはほとんど見られません。

三浦　野党が政権を奪取するためには、エッジの効いた主張が必要ですね。ところが、いまの野党を見ていると政権批判や「何かを止める」という主張が多い。一部の論点、たとえばＬＧＢＴの権利などを除けばふわっとしたイメージに終始していますね。けれども、いざ政権を取ったときに、そのような「何かを止める」式の態度を続けながら国政運営はできません。さらに言うと、どこの層をターゲットに物事の是非を訴えていくのかという視点も重要ですね。格差、と一口に言ってもどこの格差を埋めようとするのかが重要ですから。

橋下　政治をめぐる議論の大前提として、僕がもっとも大事だと思うのは、「一〇〇パーセント完璧な政治なんて存在しない」ということです。正解は誰にもわからない。副作用のまったくない薬がないように、マイナス面のない政策も存在しない。それを理解したうえで、よりマシな選択はどっちなのかを探るのが政治なんです。

日本人はともすると完璧なものを求めすぎていて、ちょっとした問題点や瑕疵を見つけて、「これはもうだめだ」と全部を否定してしまう。完璧な解決策を求めるあまり、さまざまな改革の可能性を潰してしまって、結局は何の解決策もとれず現状維持という名の下降局面に入ってしまう。そうならないように、「よりマシな選択」を見極める方法や、そのための評価軸を、この本では考えていきたい。

これは政党の選択にもいえることです。自分とまったく同じ考えの政党なんてそうあるもんじゃないでしょう。たとえば維新の会の政策にも、経済では賛成、社会問題では反対、外交では賛成となるかもしれない。そこで完璧な一致を求めすぎると、「支持政党なし」

となって、死に票も増えるし、政治への関心も薄らいでしまう。トータルとして、自分にとってよりマシな政党はどこか、という判断が必要だと思います。

保守かリベラルかは意味がない

橋下　これまで日本の政治で対立軸とされてきたものに、「保守かリベラルか」という線引きがありましたね。僕は、あれはほとんど意味がないと思っているんです。

これらはそういった思想的な区分をすることによって飯を食っているインテリ層のためのものでしかなくて、国民の大多数にとってはまったく関係ないものでしょう。国民にとって大事なのは、そのような思想めいたものではなく、政治が自分たちの現実の暮らしをしっかり支えてくれるか、自分たちの地域や国を将来よくしてくれるかということです。

アメリカでトランプが大統領選で勝った最大の要因は何かといえば、まさに国民の暮らしについての政策的主張を選挙の主戦場に設定したことでしょう。製造業に従事する人たちの失われた雇用をどうするのか、メキシコからの移民をどうするのか、同盟国に対してアメリカ国民は過剰で不公平な負担を将来もし続けるのかなど、徹底的に人々の生活感情に訴えたわけです。

三浦　いや、それはね、ちょっと違う。トランプは生活感情だけでなくて社会的な保守感情を煽ったんですよ。例えばキリスト教の価値観をどこまで社会の主流と認めるか、中絶、女性をめぐる論点、ＬＧＢＴ、白人中心の社会のあり方など。彼は経済政策で実利とバラマキと成長政策を絶妙にミックスするやり方を取った。トランプの経済政策は中道に限りなく近い。しかしそれだと人々の対立を煽れないから、社会的な保守イデオロギーで白人男性の感情を煽ったんです。

ただ、冷戦後に保守、リベラルの二項対立が意味を減じつつあるという点は、私も同感です。そもそも政策領域は狭くなっており、二大政党の国であっても政策はどんどん似てくるからです。日本の場合、たとえば安倍政権は「保守」と言われていますが、現実の政策では、「働き方改革法」の「残業規制」とか「同一労働同一賃金」など、リベラルが主張してきたことを取り入れている。逆にリベラルと思われてきた立憲民主党の枝野幸男代表が、「私は保守本流」と言い出すなど、ほとんど政治家の自意識の世界でしかなくなっている。「保守」「リベラル」という区分けは、かえって政治を見えにくくしていますね。

「動く政治」か「動かない政治」か

橋下　では、それに代わる新しい政治の評価軸は何か。僕は、その一つに、「動く政治」か「動かない政治」かという基準があげられると考えています。

「動く政治」とは、とにかく現実の課題を解決するために、頭の中で抽象的に思索を巡らせるのではなく、ガチャガチャと具体的に動いて課題を解決していこうという政治です。これまでの枠組みや仕組みを変えてでも、課題の解決を目指す。そうすると、いろんな問題が発生するんですよ。これまでの政策との整合性とか、公平性とか、制度の未整備とか、あげくは法改正が必要になる場合もある。動いている過程でトラブルや批判も山のように出ます。ですから、外から見ていると、いつもドタバタしていて、危なっかしい。しかし、以前よりも課題を少しでも解決させて、一歩でも二歩でも前に進める。色々な問題点はあるかもしれないが、問題点を恐れてやらない選択をするのではなく、リスクをとって行動し、最後は結果で評価してもらう。これが「動く政治」です。

大阪市長の時には、病気で入院している高校生から、その病院に先生を派遣して授業をする院内学級をやって欲しいという訴えが、区長のところに上がってきたんです。小中学校までは院内学級があるのですが、高校にはなかった。かつては、大阪市の職員は「高校は府の管轄だから」と府に丸投げした。府に行けば「大阪市内の問題だから、市の担当です」となって、たらい回しにされていたらしいのです。僕は松井大阪府知事（当時）に連絡をとって、院内学級を設ける方向で進めようと確認しました。府と市の役割分担や、これまでの政策との整合性、教員人材や財源の確保などできない理由を言い出したらキリがありませんが、そこは「目の前の生徒を救え！」と、僕と松井さんが役所に号令を出し続けて、色々とハレーションを生じさせながらドタバタと動き続けました。結果は、これまでの慣行を変えて、高校でも院内学級が設置されることになりました。こういうことの積み重ねが僕たちの政治活動であり、ときどき表で派手にドタバタやるのもこの延長です。

三浦　大阪で橋下さんが人々を動かせたのは、そこに大きな要因があると思います。大阪全体を覆っていた、ムラ社会的な閉塞感を打破して欲しいと思った人が、動く政治をやる橋下さんや維新の候補者に投票した。逆に変わって欲しくない、動いて欲しくないという人たちはその対抗馬に投票したわけですね。

橋下　僕は自分一人で政治行政の世界に飛び込んでドタバタ動き続けていたら、どんどん仲間が増えていった。僕の場合、大阪でまず「財政再建」「公務員改革」という目標をバーンと掲げた。最初はわかりやすい給与削減に取り掛かった。すると、給与表の問題、官民給与比較の不公平問題、人事評価の問題、天下り問題など次々に課題が浮き彫りになってくるんです。それを一つ一つ正していくことで、結果大きな改革の流れを作ることが出来た。つまり最初から一〇〇パーセント完璧な政策パッケージなんて出来るわけがない。一点突破で起点をつくることが大切なんですよ。

その改革を進めるために、散々府の職員たちと議論でやりあいました。改革を実行するのは職員たちで、職員が動いてくれなければ改革は実現できません。やりあった相手の代表が四月の府知事選に維新の対抗馬として出馬した小西禎一さんです。小西さんは、議論の上で決まったことはきちんと実行してくれました。彼は維新政治には本音では反対だったと思いますが、改革プロジェクトチームのリーダーを務めてくれ、橋下府政改革の立役者でもあります。そして役所内のドタバタの次は、議会でのドタバタです。大胆な改革を実行するためには、首長自身が政党をつくって与党を持たなければなりません。ということで大阪維新の会を立ち上げたわけです。

三浦　橋下さんの改革のポイントは、動きが自民党の議員にまで波及したことですね。大阪市長の松井さんも元々は自民党の府議会議員でした。これは日本の特徴ですが、自民党を分裂させないと、政権交代は起きない。

橋下　確かに政治グループの運営ノウハウや、地元における後援会の強さという点では、自民党議員が核になることは強みです。ただし、大阪維新の会も今や大多数が自民党に属した経験のないメンバーになっています。ゆえに野党議員の中でも組織票に頼らない自らの後援会組織がしっかりしている自民党的議員が核になることで、政権交代可能な野党が誕生する可能性はあると思います。

そして僕への批判の中では「橋下は大阪という大都市の市長をやっているんだから、泰然自若として少し落ち着いた方がいい」というものが多かった。だけど、それは僕が何をしようとしているのかまったくわかっていない批判です。僕は動く政治をやることが大事だと考えていたのであり、落ち着くつもりなんかなかった。僕を支持してくれていた有権者も、僕の動く政治のところを評価してくれていたのだと思います。

三浦 橋下さんが野党だったら、どうやって橋下政治を批判しましたか?

橋下 それは簡単ですよ。僕への人格攻撃や独裁者だ! 非民主主義だ! 選挙至上主義だ! という批判ではなく、また橋下政治の全否定ではなく、あくまでも自分たちの政治と橋下政治の方向性の違いを有権者に訴えることです。有権者に選択肢を提示するのです。もし多くの有権者が橋下政治と異なるベクトルの政治を志向しているとのリサーチ結果があるなら、「有権者のみなさん、橋下はドタバタと動く政治をしていますが、それよりもっと落ち着いた政治を目指しませんか」という対立軸を示せばいい。

もし多くの有権者が橋下政治のベクトルを志向しているというリサーチ結果があるなら、ここは野党としての勝負どころです。普通、野党は、政権与党を全否定しがちですが、それでは有権者の支持を摑むことはできません。このようなときには、橋下政治のベクトルは一定評価しながら、その問題点を是正し、足りないところを補い、橋下政治をもっとダイナミックに進めていくという提示をしなければならないのです。今の国政野党が有権者の支持を摑めていないのは、有権者によって一定の評価をされている安倍政治のベクトルを全否定しているからでしょう。識者やコメンテーターのインテリたちも安倍政治や大阪維新政治を全否定しては、安倍政権や大阪維新が勝利する選挙結果にいつも赤っ恥をかかされています。インテリたちも有権者の感覚を摑めていないんですよね。

繰り返しになりますが、政治に一〇〇パーセント正しいということはありません。「動く政治」が間違っていることだってある。局面によっては、「動かない政治」、言い換えると「落ち着いた政治」、「安定を重視する政治」が、有権者のニーズによりマッチすることがあるでしょう。どちらの方向性を選ぶのかは、あくまで有権者。政治家や政党にとって大事なのは、その選択肢をしっかり有権者に提示することなんです。

三浦　その軸で見ると、立憲民主党の枝野さんが「保守」を標榜していることも説明がしやすいですね。彼らは「落ち着く政治」を目指しているわけです。だから憲法改正や安保政策などで動き回る安倍政権への批判は「伝統的な保守ではない」とか「落ち着いていない」というものになる。

では安倍政権は「動く政治」なのか「落ち着く政治」なのか。たしかに第二次安倍政権ができたころは、第一次政権で唱えていた「戦後レジームからの脱却」や「アベノミクス」などの言葉が真新しく、ダイナミックに動く政治を標榜していました。ところが、最近は改革の手は緩んでいますし、明らかに落ち着いた手堅い政治に変わってきている。それでも、動いているように見えるのは、安倍・自民党よりも動き回る政党が、国会の中にないからです。

橋下　そこが問題なんですよ。落ち着いた政治の安倍政権・自民党に、野党が「もっと落ち着く政治」をぶつけても勝てるはずがない。その結果、安倍政権が「落ち着いて安定」しながらも、野党との相対的比較では、「動いて改革」している政治に見えることになり、両方の方向性を押さえるような結果になってしまっている。

三浦　ええ。傾向としてみれば、橋下さんのいう「動く政治」は、世代的には四十代以下の現役世代、地域的には都市部に親和性が高いですね。地方と高齢者はどうしても「落ち着く政治」への志向が強い。

橋下　その意味では、都市部に親和性の高い「動く政治」を追求する立場としては、一票の格差の是正を断固主張すべきなんです。現在、都市部は人口に比して議席数が少なく、動く政治を追求する立場にとって不利です。国政政党日本維新の会は、この政治の大きな流れを読めていませんね。彼ら彼女らは都市型の動く政治を志向すべきなのに、一票の格差是正に力を入れる気配がまったくありません。

そもそも、彼ら彼女らの国会質問をNHKで見ても、都市型・動く政治を志向しているとはまったく感じられない。一部ネット世界でちやほやされる国士気取りの質問をして、気分を良くしている国会議員もいて、これでは二大政党制の一翼を担えるほどの有権者の支持は得られないでしょう。大阪維新の会にはそういう臭いがないから、都市部である大阪において二大政党制の一翼を担えるほどの政党になったのです。

いずれにしても人口が流動化して都市部に集まってくる流れを真正面から受け止め、それに対応した議席数配分に是正するのは当然のことだと思います。その上で、地方型の落ち着いた政治を志向する立場は、選挙で勝つためにそのような都市への人口流入を強制的に止める政策を実行するのか、または現在の参議院を、地方自治体の首長たちをメンバーとする地方を代表する第二院に作り直す手もあります。ドイツの連邦参議院のようにするのです。

それとは別に僕がずっとおかしいと思っているのは、メディアやインテリたちは二言目には「抜本的な改革が必要だ」といいますね。実際に抜本的な改革を進めたら、既存の秩序、既存の利権に切り込み、切り崩していくのですから、ドタバタした落ち着かない政治になるに決まっています。

ところが、いざ改革を始めると、メディアやインテリたちは手のひらを返して「有権者の声を聞かない」「独裁だ」と言い出す。つまり「もっと落ち着け」とブレーキをかけようとするのです。どっちやねん！

三浦　大手メディアに顕著な傾向として、常に自分たちはマジョリティ（多数派）を代表しているという意識があるんじゃないですかね。だから改革、改革と唱えても、実際には現状維持＋部分修正しか提案できない。さらに、現状に満足していないときに必ず出てくる過去に対する美化や幻想が出てきてしまうのも考えものです。例えば現在の官邸主導、自民党一強政治を見て小選挙区制を批判することが習わしのようになっていますが、中選挙区制がなぜだめだと言われたのかをしっかり踏まえていない。小選挙区制による弊害を言うのならば、歴史的経緯として政治主導が求められた流れを踏まえたうえで評論する必要があります。

変化が起きると問題ばかり見ようとし、かといって落ち着いた政治だと変化が必要だと言う。改革をする人に「落ち着け」といい、落ち着いた政治をしたい人に「改革をしろ」ということが、政治への批判だと思っている。その意味では、大手メディアは日本政治のスタビライザー（安定装置）であり、「落ち着く政治」そのものなのでしょう。ある意味で自民党の一党優位性と親和性の高い媒体だと思います。なぜ自民党一強政治が変わらないのか。それは、言葉をかえれば、メディアが政治を評価する自前の物差しを持てていないからでもあるんじゃないでしょうか。

「日々の民意」と「選挙の民意」

三浦　橋下さんが大阪で改革に突き進んでいったときに自分の支えとしたものは何だったんですか？　私から見ると、元来、橋下さんは競争原理の導入など、かなり政策原理主義的な側面が強かったように思います。それが二〇一五年の都構想を巡る住民投票に敗れたあと、維新全体としては有権者の選択を重視する姿勢に変化したように思ったのですが。

橋下　三浦さんの視点だと、そう見えますか？　僕自身はずっと有権者の声を探る、いわゆるマーケティング政治をやってきたつもりですよ。

二〇〇八年に大阪府知事になったときも、府民の声を僕なりに聞いて政治をやりました。まず現役世代への重点投資として教育にお金をぶち込んだのも、府民の「大阪の教育を何とかしてくれ」という声を感じ取ってのことです。もちろん、役人や外部識者との膨大な時間をかけての議論を通じて、大阪の様々な課題を抜本的に解決しようと思えば、府民の教育レベルを上げていくしかないという考えに達したことも大きな理由です。ただし、現役世代にお金を回すために、高齢者への手厚い補助金や各種団体への補助金などをガンガン削ったんですね。とにかく現役世代に重点投資すると決めていたからね。これが政策原理主義的で、「橋下政治は、異論を聞く耳を持たない政治」という風に見えたのかもしれません。

僕がやってきたことが全部正しいわけではないですし、問題点もいろいろあったとは思っています。ただ、僕はゼロから政党を作るというチャレンジをやりましたが、それには途方もないエネルギーが必要なんです。普通、市議会議員、府議会議員を一人当選させるのだって精一杯で、冷静な物言いや態度振る舞いだけでは、既存の政党相手に選挙で勝利するなんてことは無理です。ゆえに、「僕の話をまず聞いてくれ」という部分を強烈にやったから、「皆さんの声を聴きますよ」という姿が見えにくくなったのかもしれませんね。

大阪維新の会をつくって選挙で勝利し、組織がある程度出来上がった二〇一一年頃からは、有権者に対してさまざまな調査を行い、その結果を分析して、政策立案やビラの作成、街頭演説などをやっていきました。すべてが的確な調査や数字だったとは思わないけれど、客観的な数字をもとに政治をしようと考え、それを実践してきたつもりです。

三浦　ともすれば、橋下流の政治を感覚的だと思う人も多いですが、実際は数字を見ながら戦略を練っていたということですね。

橋下　もちろん、最後はやはり政治家としての感覚が最も重要で、その感覚的能力こそが政治家の優劣を決めるものだと思っていますが、そのような感覚的な判断をするにしても、判断の基礎となる数字は非常に重要です。有権者の様々な意向を集め、分析する技術は、日々、進歩している。僕はそれを「マーケティング政治」と称しています。

三浦　マーケティング政治の特長は感覚のみに頼らない、科学的で客観的な分析にあります。日本政治では、政党の中でもいわゆるプロの「目利き」とされる人が属人的に世論を判断する。数字を参考にはするが、長年の勘でそれを解釈する、いわばアートですね。ただ、その人がいなくなれば分析力はなくなってしまうという意味で、継承可能性がない。マーケティング政治の手法は日本にまだ浸透しているとはいえません。

私が重要だと考えているのは、事象に対する表面的な「建前」の民意と、ふだんは潜在的で見えにくいけれど、投票などの実際の行動を決する「本音」の違いです。たとえば、不倫などの政治家の個人的なスキャンダルで一時的に政党の支持率が上下するようなものは「建前」です。何かの政策に賛成か反対かストレートに聞いた結果も「建前」。「マーケティング手法」は取り入れるべきですが、毎日行われる世論調査のような「日々の民意」を毎日のように行って、人びとの「建前」をストレートに政治に反映させることは大きな問題をはらんでいます。

アメリカではクリントン政権の時に、毎日のように行われるメディアの世論調査によって政治が左右される傾向がありましたよね。日々の民意が過大評価されてしまったわけです。日本でも、ようやく政治家や記者、学者などが日々の世論調査結果に影響を受けるようになってきた。ただし、人々がその場の雰囲気で下した判断を無批判に採用するのは政治ではありません。

橋下　一方で有権者の日々の声を聞きたいという政権与党側の気持ちもよくわかりますよ。理屈でそれをいくらダメだと言っても、政権与党になって、実際に政権運営をする立場になれば、支持率というのは非常に重要になってきます。足の引っ張り合い、妬みやっかみの政治の世界において、支持率が落ちてくると、党内だけでなく官僚組織もトップの言うことを聞かなくなってくるのです。国民もそうで、賛否の対立が激しい政策は進めにくくなるし、外交相手の外国政府も見限ってきます。民主国家における政権運営の力の源泉が支持率であるという厳然たる事実は、軽く扱うわけにはいきません。理想を追求して、実際の政権運営がうまくいかなくなれば、元も子もないですからね。

安倍政権はここのところが上手くて、自らの政治的信念や信条に固執することなく、有権者の意向をよく汲んで政権運営をしていると思います。二〇一五年の戦後七十年談話や慰安婦問題を巡る日韓合意では、安倍さんの歴史認識についてのこれまでの持論を抑えたし、靖国神社への参拝ももう止めてしまっています。しかし今回の「令和」という元号の選定や皇位継承の儀式については、安倍さんのこだわりをチラリと見せて、戦後七十年談話や日韓合意、靖国不参拝に反発している層に配慮を見せました。安倍さんのこだわりである安全保障政策は、人気がないことがわかっているので選挙前は封印して、選挙が終わると一気に実行していく。野党が主張していた教育の無償化や同一労働同一賃金などはどんどん取り込んで、自分たちの政策にしてしまう。一方、野党のほうは、支持者たちの大きい声だけを聴いて、大多数の国民の声をまったく聴いていないようにみえます。

三浦　たしかに日々の世論調査の数字は色んなものを示してくれます。より意味があるのはトレンド（傾向値）ですね。ただ、安倍さんはそれに全部従っているわけではない。様子見の判断に使っているのでしょう。「日々の民意」、「建前」の民意に重きを置く政治がなぜ良くないかというと、日々の世論は一貫性に乏しく、政治的な整合性が取れなくなるからです。よく極論で、「インターネットの時代になったんだから、直接民主主義で、日々政策を決めていけばいい」と主張する人がいますよね。それを実行に移したら本当に国はとんでもないことになります。以前に決定したことと次に決定したことが矛盾をきたして、政治的な整合性がとれなくなるからです。極端に言えば、税金を減らして、社会保障を手厚くしてほしいといった結果が出てしまう。

国民投票を多用することの弊害

三浦　国民投票を多用するスイスにはその弊害が出ていて、そうした矛盾に官僚たちが必死で辻褄合わせをやっています。スイスの場合、行政府の長は大臣のなかの同輩者の中の一人といった位置づけで、政治的リーダーシップはとりにくい。国民投票が多用される結果、政策的整合性を維持するために、巨大な官僚機構が必要になってしまうのです。

橋下　現実の政権を運営する際には、何があまり重きを置いてはいけない「日々の民意」で、何が重きを置くべき民意なのかの区別が非常に難しい。三浦さんの言うように民意に振り回されてはいけない理屈があるにせよ、やはり民意をしっかりと受け止めなければならない現実もある。このバランスこそが現実の政治です。バランスですから最後は感覚的判断が重要になってきますが、先ほども言ったようにその判断をするための基礎的な材料としての数字が必要で、ここをきっちりと科学的に分析できるマーケティングがこれからは重要になってくると思います。

どのような民意は無視しても政権運営に影響はなく、逆にどのような民意は絶対的に受け止めなければ政権が倒れてしまうのか。数字を基に、日本の将来のことを考えて総合判断するのが政治家の役割ですね。

その顕著な例が、イギリスのＥＵ離脱の国民投票ですね。離脱のための実行プランを作らずに、いきなり離脱にＹＥＳかＮＯかの国民投票をやってしまい、その後迷走している。

この国民投票の結果に従うべきかどうかについて、まさに科学的なマーケティング調査が必要なんです。今浮上している複数の離脱プランについて、EU残留との比較をしっかり行ったものを世論調査にかけて分析すればいいんです。信頼のおける調査ならば、議会もその結果に従うでしょう。そうすればどの離脱プランもNOとしている今の議会の我儘を抑えることができます。また、どの離脱プランについても国民の支持が弱いという数字が出れば、総合判断によって国民投票の結果に従わないという政治判断をすることもありです。

理屈で「日々の民意」に重きを置いてはいけないと断じることは簡単ですが、実際にそれが「日々の民意」なのかどうかを判断するプロセスが重要で、まさにEU離脱の国民投票の結果が「日々の民意」にあたるかどうかを判断する科学的なマーケティング調査と分析が必要でしょう。

僕がこう言うと、「じゃあ、大阪都構想はどうなんだ」と言われると思うんですけど、都構想の場合、もっとちゃんとしたプロセスを積み重ねてきたんです。地域政党を作って、選挙を通じて知事、市長を獲るだけでなく府議会、市議会でも都構想賛成派の勢力を形成し、次は国政政党を作って都構想のための法律まで制定した。そしてその法律に則って協議会を開き、国とも協議をしながら都構想の実行プランを完成させて、膨大な数と量の説明会を開催した。足かけ五年にわたる作業です。ここまでの都構想プランを用意しての最後の住民投票ですから、その結果は無視すべき「日々の民意」とはまったく異なります。

三浦　ＥＵ離脱についてはその効果も弊害も全体感として認識されぬままに国民投票をした、悪手ですよね。さらに離脱派が「都構想」実行プランのような具体性のある道筋を示してさえいなかったことには、おっしゃる通り、問題があります。

さて、住民投票や国民投票への向き合い方について論じましょうか？　住民投票では、何度か行った場合に矛盾する結果がでることもありますよね。相反する声が上がってきたときに、どうその声に向き合うべきだと考えていますか？

橋下　ここも先ほどから言っているように、どの民意を受け止めて、どの民意は無視すべきかの政治判断だと思います。そしてその政治判断の基礎資料として科学的なマーケティング調査の結果や分析を用いる。これまで多分に感覚的にやっていたところへ科学を入れ込んでいくべきです。

ただしその前に、住民投票や国民投票のかけ方で、三浦さんの言うところの「日々の民意」にならないような工夫をすべきで、ここが政治家としての腕の見せどころです。先ほども言いましたが、実行プランをしっかりと固めてから住民投票や国民投票にかけるべきです。そして一度結果が出たことに関して、再度投票にかけるならば、前回のプランと今回のプランはどこが違うのか、仮にプランが同じ場合には世間の事情がどのように変わったのかをしっかり示した上で、投票にかけるべきです。そうすれば、前回の結果と異なる結果が出たとしても、その新しい民意にしっかりと従うことに何の問題もありません。

大阪市長のときに、東日本大震災を受けて停止していた福井の原発の再稼働の賛否が問題になりました。そのとき住民投票するべきだという住民運動が盛り上がったんです。かなり検討したんだけれど、その提案を僕は蹴った。「住民の意見を聞かないのか」とずいぶん批判されました。でも、その住民投票で再稼働NOの結果が出たら、じゃあどうするのか？　原発以外の電力で、大阪はやっていけるのか？　電力不足になる可能性があるなら、その対策は？　再稼働をNOにしたときの実行プランが必要なのに、住民投票を求める人たちからは、何のプランも示されないまま、とにかく住民投票をしろ！　の一点張りでした。こういうことには朝日新聞・毎日新聞は強力に応援しますね（笑）。

実行プランがないまま投票すれば、それはEU離脱の国民投票と同じ混乱を生むだけです。これが三浦さんの言うところの「日々の民意」。

他方、しっかりとした実行プランに基づいた投票結果については、僕の考えにそぐわない民意も当然尊重しました。大阪都構想は住民投票で否決となったので、いったん都構想は諦め、反対派が都構想不要の理由として唱えた「大阪戦略調整会議」なるものを実行したのです。ところがその大阪会議はまったく機能せず、「それならば」ということで、都構想再挑戦に舵を切りました。これは、都構想をNOとした民意の根拠が崩れた事情の変化によるものです。

このように「日々の民意」とは違う「しっかりした民意」を汲み上げる知恵と工夫が、政権担当能力の柱になります。日々の世論調査もそれ自体ダメだと断じるのではなく、「日々の民意」調査にならないような科学的なマーケティング調査ができるかどうか。投票にかける場合も「日々の民意」にならないように、実行プランを完成させた上で投票にかけることができるかどうか。そして「日々の民意」でない「しっかりした民意」には、自分の考えと異なってもきちんと従っていく。ここがマーケティング政治の真骨頂でしょう。

三浦　そう、それには分析視角と分析能力を持つことが必要です。前に自民党副総裁だった高村《こうむら》正彦さんと対談をしたときに、「大衆は愚にして賢」と仰ったんですね。国民の言うことを全ていちいち聞いていたら政策を間違う。しかし、国民は長期的には正しく分かってくれるところがある。だから政治家との間に緊張感が生まれ、政治家が身を正せるのだ、と。その通りだと思いますよ。私の主義は、国民は間違うこともあるけれど、民主主義である以上最終的にはデモス（大衆）に運命を委ねるしかないということ。しかし、それは国民が常に正しいということを意味しません。

橋下　うーん、大衆とか、愚という言葉に僕は違和感を覚えるな。だって人間誰しも間違うことはあるわけで、それは高村さんはじめ、このようなことを言うインテリだって同じ。あえて言うなら「人間は愚にして賢」ということじゃない？　むしろ問題が大きいのは、ときどき新聞などのメディアなどが持ち出してくる「街場の民意」ですよ。街のなかで言いたいことのある人に語らせて、「これが民意だ」と迫ってみせる。しかし、それは必ずそのメディアにとって都合のいい「世論」であり「民意」なんですね。

三浦　要はマス・マーケットを信じるしかない、ということだと思うのです。周りが邪魔したり、止められたりするけれども、そうした狭い人間関係にのみ規定されてはいけないと。ただし、常に正しい判断をしてくれると期待を持ってはいけません。だから、メディアが「街場の民意」に必要以上に左右されるのは良くないんです。そういうことを言い出すと、リベラルが嫌いな日本会議だって、ある意味「街場の民意」ですからね。

橋下　朝日新聞・毎日新聞的インテリは、そのような民意は無視するわけですよね。そして、原発再稼働の賛否を問う住民投票を求める民意は「街場の民意」として尊重する。ほんと民意というものをご都合主義で利用していますよね。これこそが民意の最悪の用い方でしょう。

三浦　橋下さんは対立を作り出し人の意見を聞かないという一般的なイメージがありますが、実は民意をこそ、そしてそれを味方につけるための選挙をこそ重視している人だ、ということですね。しかし、大阪都構想は、自分から提案して何もないところから民意を作りにいきましたよね。それはどういう風に民意につなげたのですか。

橋下　人々の声に耳を傾けなければ、ゼロから政党を立ち上げてそれなりの勢力にすることなんてできませんよ（笑）。僕は、学者の感覚が奇妙でたまらない。確かに学問的追求は民意に左右されるものではないのかもしれませんが、それなら民意を背景とする政治側に対して一定の謙虚さは必要だと思うんです。

ところが、学者は我こそが絶対的正義で絶対的に正しく、場合によっては我こそが民意の代表者と言わんばかりの者が多いですね。なんであんなに自信が持てるのか不思議です。

政治家は、捉えることの難しい民意の中を泳ぎながらバランスを取っているのに、その苦労を学者たちはまったく知らない。ぺーぺーの立場ならいざ知らず、政党を運営する責任者になると、真っ暗な大海の中を泳いでいるような感覚なんですよ。多分学者は、灯りが煌々《こうこう》と点《つ》いた暖かい部屋の中で、大海の中を泳いでいる政治家をモニターで見ている感覚なんじゃないでしょうかね（笑）。

真っ暗な大海を泳いでいるような感覚だからこそ、羅針盤《らしんばん》が欲しい。でも巷に溢《あふ》れている世論調査の類は、モニターを見ながら判断する人が求めるようなものであって、大海を泳いでいる当事者が必要としているものとはちょっと違う。ここは世論調査をする人に、一度大海を泳いでもらって、そこではどんな情報が必要なのかを体感してもらうと、マーケティング政治に有用な調査・分析というものが確立すると思います。

二〇一九年四月七日に行われた大阪の府知事選挙と市長選挙、いわゆるダブル・クロス選挙や府議会・大阪市議会議員選挙ですが、ここでも数多くのマーケティング調査が行われました。そして、そのどれもがどのような政策を訴えるべきかに終始していました。確かにキーとなる政策フレーズも重要です。しかし選挙では民意の大きな波を起こしつつ、その波に乗ることが勝敗を決し、その視点からすると政策を訴えることはサブです。今回は「大阪の成長を止めるな！」「十年前の大阪に戻すな！」が民意をかき立てるキーフレーズになりましたが、そのようなものを提示するマーケティング調査は皆無でした。

　さらに選挙時と通常の政権運営時においてそれぞれ必要とする情報は異なります。その状況に応じて大海を泳いでいる者の羅針盤となる情報を的確に提供できる、識者やマーケティング調査が日本には必要ですね。

　それで大阪都構想ですが、確かに僕からの発信でした。最初、僕が「大阪都構想」をぶち上げたとき、多くの人が「橋下がわけのわからないことを言っている」と思っていたでしょう。でも僕は、そこは信念をもって、ずっと訴え続けた。すると、どんどん仲間が増えていったんです。僕は政治家を辞めたけれど、確実に大阪の人々に「都構想」は浸透してきている。

　でも、これもマーケティング政治なんですよ。有権者のなかからすでに湧き上がっている声に応えるのが「受け」のマーケティングだとすれば、有権者の潜在的なニーズを掘り起こす「攻め」のマーケティングもある。

三浦　民意をかき立てるには、調査結果の「解釈」が必要になるんですよ。戦わせるべきは「解釈」であって、マーケティング調査そのものではない。要は、出された資料が、読み解けるかどうかです。政治家的勘、マーケター的勘は、出された数字から反対者が単にフォロワー傾向で消極的反対なのか、積極的な方向性を持った反対なのかを読み解く時に発揮されるからです。そこは橋下さんがこれまでご自分の経験と勘でやってきたところですね。その才能がとりわけ秀でていらっしゃると思いますよ。そこは属人的な能力が物を言いますからね。

話をまとめると、民意を取り込むだけじゃなくて、民意に働きかけるのもマーケティングの一環だというわけですね。それは需要を創出する、ということだと思います。それもいまの日本政治に欠けがちな点で、「政治とは説得のアートである」と私なら表現しますね。有権者を説得して、民意をこちらに持って来るというのは政治家の大事な仕事だし、説得可能だと考えることは有権者を信頼しているということでもある。

政治は結局熱量

橋下　そこで僕が重視しているのが「熱量」なんです。政治を動かす原動力は、単なる支持者の数ではありません。支持者の数×熱量で政治的エネルギーが決まる。

政治はビジネスと違って、何から何まで有権者にウケる商品（政策）を出していくだけでは成り立ちません。大多数の民意に反するような政策でも、必要だと思ったら、提示していかなければいけない。そのときに必要なのは政治の熱量、政治的エネルギーなんです。わずか数人から始めた「都構想」だったけど、とにかく動き回って、声をあげ続け、選挙で戦い続けました。そのことで、様々な場所で多くのハレーションが起きて、熱が高まっていきました。都構想に反対する人の熱量もふくめて、大きな政治的なエネルギーとなり、地域が活性化するためのある種のエンジンとなっていったわけです。これが「動く政治」のダイナミズムなんですね。政策をインテリぶって語るだけでは政治的エネルギーは生まれません。

三浦　(笑)。良く分かりますよ。ただ、そこの部分が、大阪とそれ以外の地域では違って見えているのだと思います。たとえば、東京では、橋下さんたちが行った改革を全否定する人は少ないけれども、「すっと」やればいいことに無駄に波風を立てている人、というイメージを持たれている。

橋下　その雰囲気は感じます(笑)。

三浦　橋下さんたちは二〇一五年の段階で、大阪の政権与党だった。ところが、それまでの与党と違うのは、与党が率先して府政、市政を動き回って改革しようとしたことです。

大阪の野党である自民党や共産党にしてみれば、もう与党になったんだから、少しは落ち着いてくれと思ったはずです。

橋下　ぜったいにそう思っているだろうね。

三浦　さらには、大阪都構想を住民投票に持ち込んで、本気で動かそうとまでした。都構想に関していえば、非常に僅差での敗北だったわけですね。しかも、出口調査を年齢別に見たとき、七十代以上を除いては全年代で都構想賛成が多かった。これについてはどう考えましたか？

橋下　二〇一五年の住民投票のとき、仮に僅差で勝利していたとしても、そのあと都構想を実行するのは容易ではなかったでしょうね。また逆に、あのとき、都構想が可決されなくても、未来世代のために、大阪の将来のために、都構想運動は続けるべきだと思っていました。もちろんいったんは否決の民意を受けて、都構想反対派が提唱する「大阪会議」を受け入れたとしても、それはうまくいかないと確信していましたから。

三浦　なるほど。私はあのとき、「橋下徹にはポピュリズムが足りなかった」と分析したんです。つまり、七十代以上だけが反対しているのは住民投票の前にはすでにわかっていたわけで、そうした層の不安や反発に配慮した政策パッケージが用意されていなかった、と。そこに橋下さんの政策原理主義的な側面をみたわけです。

橋下　そこは難しい問題ですね。まず投票時の出口調査と投票までの情勢調査はズレることが多々あります。選挙運動・住民投票運動期間中に民意の波が大きく動くことがあるのが選挙であり、住民投票です。住民投票前、僕らも数年にわたって、かなりの頻度で情勢調査をやっていましたが、若い世代は賛成多数という状況ではありませんでした。また出口調査の信頼性というものも絶対的なものではありません。住民投票後、大阪市選挙管理委員会が総括報告を出しましたが、投票率は高齢者のみならず若者も伸びており、そこからはじき出された七十代以上の投票者数と七十代未満の投票者数を比べると七十代以上が圧倒的に多いというわけではなかった。そうすると七十代未満も賛否が拮抗していたことが推察されます。

住民に多少なりとも不安が残る大変革に、最初の一発目にぶつかっていくには、こしゃい手を使ったらダメなんです。あのときは強烈な民意が必要だった。維新は、現役世代重視、将来の大阪重視、特定の団体の利益へは配慮しないという「姿勢」を徹底的に貫いたことで、わずか数年で強烈な民意を摑まえてきた政党です。こういう「姿勢」こそが強烈な民意を引きつけますが、逆にちょっとでもその「姿勢」に曇りが出ると、民意は一気に離れていくんです。もし住民投票の賛成票を狙って高齢者に配慮したような姿勢を有権者に感じられてしまったら、高齢者の賛成票は増えるかもしれませんが、現役世代たちの票がどうなったか分かりません。

そしてもう一つ重要なのが政党という組織マネジメントという点です。東京都ができ上るまで五十年近く要したことを考えれば、大阪都構想のような大改革は、三十年から五十年スパンで考えなければなりません。僕が一発目に挑戦しましたが、それがダメだったときには維新の次のリーダーやメンバーたちに委《ゆだ》ねなくてはなりません。そのときに重要なのは組織の「気」「モチベーション」で、それはリーダーの熱量にかかってくるんです。僕がこしゃいことをしたらメンバーもそれを感じます。一心不乱に現役世代重視、将来の大阪重視ということを貫いた僕の熱量は、維新という組織にまだ多少なりとも残っているんじゃないかなと自負しています。そこに松井さんや吉村さん、そして維新メンバーの熱量がさらに加わり、今回の大阪ダブル選や府議会・市議会議員選を制し、大阪都構想への再挑戦が動き始めました。政治は結局、熱量なんですよね。

第二章　経済政策に新しい評価軸を

アベノミクスをどう評価するか

橋下　では、個別の政策をいかに評価するかを論じていきましょう。

やはり国民にとって、最も重要な政策課題は経済だと思うのです。医療や教育、福祉の政策を語るにしても、まずは国民経済が悪くないことが前提です。いくら国民のためになる政策でも、財源がなければ実行できないということもありますね。

三浦　その通りですね。有権者が求めるものも経済政策なんですが、ただここは具体性が必要になってくる領域です。実はこの前の統一地方選の際も大阪で直前に調査を行ったのですが、維新支持にもっとも結び付いたのは二重行政の解消、万博、ＩＲ（カジノ統合型リゾート）などの成長政策と改革実感でした。次に交通の民営化などの具体的な実績と、安全保障政策での維新のリアリズムよりの立場に対する評価が続き、株価など国全体の景気に対する関心、次に治安が続きます。

浮動票に限って維新支持との相関を見ると、公共事業への賛否、消費税増税への賛否、教育無償化問題、医療介護、高齢者福祉などの与える影響はほぼゼロに近い。富裕層や法人への増税をめぐる論点はむしろ維新にマイナスの影響しか与えない。だから、経済と言っても重要なのは成長戦略や具体的な改革なわけです。

ただ問題なのはですね、実際には、本気で成長戦略をやりたいと思って政界に入ってくる政治家ってあまりいないんですよ。官僚も政治家も財源を確保したり税金を「使う」方には熱心だけれども、どうやってこの国を成長させるかを本気で考えられる人は少ない。

橋下　それはそうかもしれない。結局、政治家は国を背負って、命がけで国を守るといった国士でありたいんですね。彼ら彼女らが好きな「天下国家論」とは、世界の中で強い国になろう！　次世代のための国づくりをしよう！　といった抽象的で大きな話が多く、「お金儲けができる国」のことはあまり語らない。お金の話はちょっとかっこ悪いと思っているんでしょうかね。

その点、アメリカはわかりやすいですよね。トランプ大統領だってまずビジネスについて語る。お金儲けをどうやってやるか、自分を支持すればどれだけ懐が潤うか、雇用が増えたか減ったかといった話が中心です。他方、日本の場合は、そもそも経済政策を中心に政治が語られることは少ないですし、経済政策を評価する物差しが何なのかもよくわからない。評価基準が定まっていないので、政治家の多くも「景気を良くします！」としか言いませんが、そんなのは「頑張ります！」という中身のない意気込みと同じです。

そんな中、安倍政権は経済政策に力を入れることを明確に発信しています。そうであれば評価基準を明確化すべきです。こうすれば単なる好き嫌いを超えて、政治をきちんと評価できると思います。三浦さんは安倍政権をどう評価していますか？

三浦　大きく分けて四つあると思いますね。まずは政権の安定性です。スキャンダルや失言などの突発的な事態への対応もふくめ、ちょっとのことでグラグラしない政権運営ができているか。第二に、大きな政策目標が正しい方向を向いているか。第三には官僚機構を使いこなしているか。やっぱり官僚と協力関係を作れないと、政治が前に進まなくなってしまいます。第四には内政から外交に至るまでの課題設定の幅の広さと、時間的な射程の長さですね。

橋下　その基準でいえば、安倍政権の評価は？

三浦　基本的にはクリアーしていると思います。ただし安倍政権はすべての政策課題に取り組んでいるようで、ひとつひとつのハードルが下がっているんですね。憲法改正でいえば二〇一二年の自民党草案では9条二項を削除していたのが、残すことに方針転換したり、北方領土では四島返還から二島返還を先にする方針に切り替えたり。それぞれ現実的な判断だと思うのですが、改革へ突き進むスピード感や、政権の体力は少しずつ落ちてきたのではないでしょうか。経済政策でいえば、アベノミクスについてもっとも辛い点をつけざるを得ないのが、十分に成長していないことです。これは、はじめアベノミクスの三本の矢といったときに、三本目の矢である成長戦略が十分に駆動しなかったからなのですが、ここはまだまだ改革の余地があるはずです。

次に、債務残高を見てみましょう。二〇一二年に千百三十三兆円だったものが、二〇一八年には千三百二十五兆円と、二百兆円近くも増えている。しかし、歳出の面から見てみると、社会保障費の自然増が目立つ一方で、文教・科学振興費、防衛関係費などは増えておらず、公共事業関係費についても当初予算では二〇〇一年がピークなのですが、小泉政権以降、歴代自民党政権下でかなり削っていって、四・四兆円まで減らしたのに底を打たせ、六兆円規模へと七、八年前の水準に戻したにすぎない。つまり、安倍政権下で起きているのは〝財政出動なき債務拡大〟なんです。債務拡大の原因は社会保障費の自然増と増税していないことに求められる。

だから政府がもっと積極的に財政出動して、景気浮揚策を取るべきだ、と考えている人たちは、この点を数値として出して批判すべきでしょう。ただし、そのうえで「これからは借金が増えるし、国債をどんどん発行する、だから税金も上がります」ということを国民に説明するべきですね。橋下さんの評価はどうですか？

橋下　僕の経済政策についての重要な評価基準は、「雇用」です。その点で、安倍政権の経済政策を全否定できないと思う。実際に失業率は低水準ですからね。私事で恐縮だけれど、ウチの長女もありがたいことにすぐに就職がきまりましたよ。今、多くの若者が、「安倍政権下で就職口が増えてきた」と感じているんじゃないかな。

三浦　高めの評価ですね。

橋下　そうですね。ただし、政治を評価する側がきちんとした基準を持っていないので、安倍政権も経済指標の目標設定がぐらついています。

株価をよく取り上げますが、日本国民の低・中所得者の株式保有率は低いので、株価が上がっても、一般の国民は直ちに懐が温かくなったとは実感しないでしょう。また政権初期からインフレ率を持ち出して、物価上昇率を二パーセントに上げることを目標にしましたが、これも政治を評価する基準としては主要なものではないでしょう。それは当たり前で、経済政策の目標はあくまでも国民が豊かになること。だから、それを端的にあらわす数字を評価基準にしなければならないはずです。株価やインフレ率は政治を評価する上で一応の目安にはなりますが、メインではありません。

三浦　そもそもアベノミクスが、金融緩和による物価上昇を目標としたのは、デフレから脱却して、企業にしっかりと投資をしてもらおうという狙いだったはずです。長引く不況で企業はデフレマインドにはまり込み、投資する意欲がなくなってしまいました。そのため、内部留保として潤沢な資金を持つ大企業がそれを投資に振り向けず、その一方でお金を市場に貸し出す金融の血流が滞っているというのが日本の状況です。

ところが、政府主導でデフレを脱却しようとした安倍政権は、マクロの金融政策には本腰を入れましたが、必ずしも大胆な積極財政を行うわけでもなく、ミクロ経済に効果のある競争政策や規制緩和で意味ある進展は少なかった。規制改革のうち見るべきものは第二次以降の安倍政権の最初の一～二年に集中し、それ以降は、大した改革がやれていない。中小企業の倒産防止に目が向かう結果、ゾンビ企業を延命させる方向に行き、最低賃金を小刻みにしか上げようとしていない。具体的な数値目標を成長のターゲットとして定めるには、本来、そこから逆算して最低賃金を上げていく必要がありますね。

橋下　デフレの脱却はあくまで過程に過ぎず、本当のゴールは国民の生活を豊かにすることのはずなのに、まるでインフレ率こそが至上の目標のようにされてしまった。僕は今の物価上昇レベルでも雇用者報酬×就業者数の総雇用者報酬が増えるのであれば、及第点は与えられると思っています。株価上昇も物価上昇率も、総雇用者報酬を上げるための手段のようなものだと思います。

ゴールがコロコロ変わるアベノミクス

橋下　さらに問題なのは、経済政策を評価する基準がしっかりと定まっていないので安倍政権は、自分たちの都合で、経済政策によって達成すべき目標をコロコロ変えてしまうことです。政権初期にはデフレ脱却のために、物価上昇率・インフレ率（二年で二パーセント）を目標としていたのに、それが達成できないとなると、「失業率が下がっているから経済政策は成功している」と言い出した。これは完全な後出しじゃんけんでしょう。だったら最初から「失業率を下げるのが目的で、フィリップス曲線を基に物価上昇は失業率を下げる過程にすぎない」と言うべきです。

僕も失業率は経済政策を評価する重要な指標だと思いますが、それだけでは十分ではない。職にありつけていても、賃金がどんどん下がっては、国民は不幸になるばかりですから。ゆえにマクロ的には報酬と就業者数を掛け合わせた総雇用者報酬がメインの評価基準になってくると思います。

三浦　失業率が上がるのは政治の失敗ですから、政治家が失業率を気にするのは基礎中の基礎ですね。ただ、いまの日本は労働力人口が減少する中で、高齢者や女性にどんどん働いてもらわなければならないという状況です。人手不足の恒常化が予想されるなかでは、失業率の上昇は考えにくい。だから、失業率の減少を政権の成果とすること自体、あまり意味があるとは思えない。

橋下　ゆえに報酬面も加えた総雇用者報酬の視点で、さらに一時点の数字だけを見るのではなく、経年的なトレンド、傾向を見なければなりませんね。安倍政権は、当初は実質賃金の上昇も目標に持ち出しましたが、これも上がらないものだから、そこで最近、総雇用者報酬が重要だと言い出しました。どうも安倍政権は当初掲げていた目標が達成できないとなると、いつの間にかその目標を捨てて、既に達成できている新しい目標をひっぱりだしてくる。こういうことがたび重なると、国民に不信感を持たれてしまう。

僕はもともと総雇用者報酬を評価基準の柱にするべきだ、という考えです。雇用の数（就業者数）と報酬額の両方をみていかないと、国民が豊かになったかどうかは判断できませんから。

三浦　いずれにせよ政府が経済政策の目標をコロコロ変えてしまっては、政策の一貫性も保てなくなってしまいますね。

やはり政府の経済政策としては、ＧＤＰを物差しにしていくべきだと思います。経済政策で重要なのは全体の成長ですから。全体のパイが増えないのに、分配が増えることはないからです。

日本に限らずですが、よく政治家が軽々に口にすることとして、労働への分配率を政府が差配して変えられるような幻想があります。しかし、グローバル経済と接合して生きていく以上、そもそも各国政府にはそこまで大きな裁量の余地は残されていないということを深く自覚すべきです。そのうえで、最低賃金を上げたり、労働者の権利を守ったり、あるいは税と社会福祉を通じて分配をするのが国家の役割です。分配は企業の役割ではなく国家の役割である、ということを自覚しなければ、労働者の待遇改善は絵に描いた餅にすぎないし、自らの主張する政策のもたらす負の効果を軽視することに繋がる。

もちろん企業が直接労働者へいくら分配したのかという総雇用者報酬は、有権者の関心に直結している部分だから、政治的メッセージとしては重要です。しかし、総雇用者報酬が上がらないのはいくつかの理由があります。まず、最低賃金が低い。それに日本には「専業主婦のパート」という特異な調整弁が存在し、低い賃金を支えています。また、人材を安くしか雇えない競争力の低い企業を倒産させないために、政治が様々な介入を行っており、最低賃金を引き上げようとしていない。そもそも論として、日本に成長産業が少なく、全体として成長できていないために、総雇用者報酬も上がらない。輸出産業は競争力があっても、輸出産業が全産業に占める割合は決して高くありませんし、そもそも内需型産業の方に労働者の多くの部分が存在しているからです。

安倍政権が本気で低生産性問題の解決に乗り出そうと思うのならば、自民党の支持基盤を割るような大胆な施策が必要になります。それは専業主婦が当たり前、家族が介護や育児を担うことが当たり前とする価値観を変えることであり、生産性の低い企業が潰れると困るという考え方を変えることです。人材を流動化させ、労働者に対する最終的な責任を企業に負わせるのではなく、政府が社会福祉を担い拡充させるべきという考え方をとることです。

総雇用者報酬が政治課題になることとの最終的な問題点は、私企業に対して、政府が労働者への分配率まで介入する必要があるのかということですね。本来ならば、企業からしっかり税金を取って、富の再分配は国が行えばいい。日本の格差は主にどの企業に就職しているかの格差であり、企業社会保障の格差が人々の社会福祉の格差につながっているわけです。政府がやるべき分配をなかなかせず、介入してはならない所に介入しているというのが日本政治の問題点なのです。

橋下　僕は、ＧＤＰの上昇も国民を豊かにするための手段の一つでしかないと思いますね。やはり政治は、ＧＤＰを上昇させつつも、総雇用者報酬が上がる経済政策を打っていかなければならないと思う。ゆえにＧＤＰ上昇も、総雇用者報酬を上げるための一過程に位置付けています。ただし、ＧＤＰの数字を最重視する政党があってもいいと思います。選挙のときになると「景気を良くします」という事後的に評価できないフレーズを掲げるのが一番悪い。事後的に評価するためには数値目標を掲げるべきで、政党の大きな方向性としては、経済成長を表すＧＤＰを重視する方向と、労働者を軸とする総雇用者報酬を重視する方向に分かれるのかなと思います。

一方、有権者も選挙において経済問題を一番重視する割には、数字をきちんとチェックしていないのではないでしょうか。経済指標を基に政治を評価する癖がついていませんし、だからこそ安倍政権が当初設定していた目標をどんどん変えても怒り狂うことにはならない。やはり政治を評価する専門家が、経済政策を評価する基準をしっかり定めて、政治に対しそれを目標とすることを促し、有権者もその基準で政治を評価できるようにすべきだと思います。これが政治評論家の主たる使命だと思う。

生産性と女性の働き方

三浦　安倍政権の政策は、一方で進めている政策とまったく逆のことを同時にやってしまうことが多いと思います。たとえば安倍政権は労働者の賃金上昇を業界に訴え続けてきましたね。人手が足りなくなれば普通は賃金が上がるはずなのですが、同時に、短期的に人手不足を解消するために外国人労働者を入れる政策を取るわけです。そして、彼らを低い賃金で雇おうとする。そうすれば当然ですが、全体の賃金も低いままに抑えられてしまうのです。つまり一方で賃金を上げろと言いつつ、他方では下方圧力をかけている。こんな矛盾した政策を取っているのに、野党は追及しきれていません。

橋下　人手不足による賃金上昇と人手不足解消策は択一的にどちらかを選択するものではなく、両者をうまくマネジメントするのが現実の政治だと思います。確かに理論上は人手不足になれば賃上げに向かうんだろうけど、その前に人手不足でまったく営業ができないとなってしまうと賃上げどころの話じゃなくなってしまうので。しかし外国人労働者で補充しまくると三浦さんの言うように賃上げが進まなくなってしまう。まさにバランスが重要ですよね。

僕は最低賃金を法令によって強制的に上げることには賛成だけれど、やり過ぎは経済に悪影響を及ぼします。韓国の文在寅《ムンジェイン》大統領が最低賃金をガンガン引き上げましたね。国が音頭を取って、二〇一八年には約一六パーセントも上昇し、一九年になってからもさらに一一パーセント近く上がっています。ところがアクセルを吹かし過ぎて、経済の実態と見合わなくなってしまい、今度は失業率が上昇するという効果が出てしまっています。政治とは、政策の組み合わせのバランス、アクセルとブレーキのバランスが肝ですよね。

三浦　韓国が最低賃金を上げすぎたのはその通りです。経済の状況や年功序列の企業カルチャーを勘案した上げ幅でなければならなかった。結果的に倒産率がうなぎのぼりになり、また中高年層の雇用を守るために若年層の新規雇用が絞られたのです。産業や内需のないところに、政府がいきなり新産業や需要を作り出せるわけではありません。目標ではなくやり方が間違っていた事例ですね。

さて、マクロの金融政策で景気を加熱する、冷やす、というときにはアクセルとブレーキの比喩で済むけれど、これは景気の話ではなく生産性の問題。安倍政権の場合は生産性の低い企業の待遇の悪いポストに人材を供給し続けるために外国人労働者を移入し、さらに公共事業に頼り切った企業の生産性を改善する構造改革に着手できていないという問題があります。安い人材、公共事業関係費を注入し続けることで、業界の構造を温存させる「介入」をしているわけです。

さらに安倍政権で、掲げた看板と実態の乖離がはなはだしいのが、女性をめぐる労働環境です。一八年八月に総務省が労働力調査を発表し、女性の就業率が六九・九パーセントと過去最高になった、企業の女性雇用者が三パーセント以上も増えた、三十代で産休や育児から職場に復帰したなどと自讃していましたが、その女性たちが職場でどのような生産性の高い仕事をして、いくらの賃金をもらっているのかまでは目が行き届いていません。

ストレートに言ってしまうと、多くの女性は、子育てと両立させるために睡眠時間を削って職場に行き、安い賃金で働かされています。子育て中の女性に付加価値の高い仕事と、それに見合った賃金を提供するにはどうするべきなのか、それを提示することが大事なのですが、現政権の方針のままでは経済成長もしないし、賃金も増えていかないでしょう。

橋下　総論としてはまったく賛成です。具体的に女性の生産性を上げるにはどういった方法を考えていますか？

三浦　日本経済の問題点は生産性の低さです。原因には様々なものがありますが、そのうち最大のものはデフレの影響で、いいものを作っても安くしか売らないことでしょう。

単純な話ですけれど、高いものを売る方が、安いものを売るよりも効率がいい。その中で、女性が安い労働力として使われ続け、外国人労働者と同じく全体の賃金を押し下げている。労働時間が長くても、売値と賃金が低いので、異常に生産性が低いわけです。そのサイクルを断ち切らないことには始まらないと思う。たとえば小売りを例にとれば、同じスーパーでも、最低賃金ギリギリのパートタイムを主な労働力としている格安のスーパーから、高品質のものをそれなりの価格とサービスで売り、自動会計システムなどを入れて省人化を達成し、社員に関しては彼らの生産性に見合った給料で雇う業態へのシフトを促すといった政策が必要だと思います。

そのためには、女性の働きやすさを確保すべく、多様な保育サービス、学童サービスに市場を開放する必要がありますし、政府は品質チェックを行いつつも基本的には競争政策を導入すべきです。そして、努力して働いた分、受けられる保育・教育サービスの見返りが必要です。働く親に対して保育・教育支出の税額控除を導入したらどうでしょうか。先進国を見渡すと圧倒的に低い日本の公的な教育支出のギャップを埋めることにもなります。

生産性の話に戻すと、先ほどの問題は日本の企業でなぜＩＴやＡＩの導入がなかなか進まないかという問題ともつながります。低廉な労働力がたくさんある場合には、最先端技術への投資は進みません。高い機械を買うよりも、低賃金で人にやらせたほうがいい、という判断につながるからです。最近、フランチャイズのコンビニで二十四時間営業はもう無理だというオーナーの悲鳴が話題になっていますが、問題の根っこはつながっていますね。

橋下　この点をしっかり評価し、その取り組みをさらに政治の側に促すためにも、女性労働者の賃金上昇率を評価基準の大きな柱に据えることも一つの手ですね。また、ＩＴやＡＩの導入が進まないことには、雇用慣行の問題が重なってきますね。それらを導入しようとしても、それに伴う人員整理ができない。

三浦　特に人間の仕事に置き換わるＡＩを導入する場合、その傾向が強いように思います。しかし、ＡＩが生産性を上げてＧＤＰを押し上げた分は、民主国家であれば結局は分配の原資となるのです。もうひとつ、株主資本主義が根付いていない企業風土や日本の税制が、企業の儲けをなるべく出さないように誘導してしまっているということもあるだろうと思います。日本の社会全体に停滞感が漂っていますが、いまのままでも生きていける、外からのプレッシャーがない、どうせ儲けても法人税などでとられる、と思えば生産性を上げるインセンティブ自体が育ちません。どうやって成長してもらうかをまず先に考え、どうやって税収を上げるかをその次に考えるという順番論が大事です。

日本には危機意識が少ないと思うんですよ。ルイス・キャロルの童話『鏡の国のアリス』で、赤の女王の「同じところに留まるためには、走り続けなければならない」というセリフがあります。「赤の女王効果」とも呼ばれますが、国であろうが企業であろうが、基本的にはこの考えでないと、生き残っていくことは難しいでしょう。今のうちに走り続けて、やっと次の時代の先頭グループの最後列ぐらいに残れるかどうか。日本はそれくらい瀬戸際にあります。

橋下　人員が整理できないと、巨大な投資をしつつ人も抱えなければいけないことになる。巨大な人件費の将来負担がある中でAIにどこまで投資できるのか、となってしまう。大阪市役所は、電子メールシステムを導入するのが非常に遅れたんです。

市役所の職員がどこかの部署の職員に伝えたいことがある場合には、メモを書いてポストみたいなところに入れるんです。そうすると、定時に郵便部隊が回収して、宛先に届けます。役所内に郵便部隊を抱えていたんです。もし電子メールを導入したら、その郵便部隊の職員がクビになるということで、職員組合が猛反対して、なかなか導入できなかったんです。

三浦　まあ、びっくりですね。とても二〇一〇年代の話とは思えないのだけど。

橋下　驚くでしょ（笑）。雇用の流動性がないと結局そういうことになるんです。この雇用の流動性の欠如は、あらゆるところに絡んできますね。雇用の流動性がないと、ベテラン人員を抱えすぎて、若手にチャンスが生まれません。

三浦　そこに女性の視点を入れるならば、中高年の男性社員の既得権益がチャンスを阻んでいるということも言えますね。大学でもハンコを押す事務職員の上層部は男性がほとんどを占めており、非正規は圧倒的に女性ですからね。

流動性を軸として雇用者をケアするには

橋下　さらに雇用問題を官が解決していく方向性を採るのか、マーケットが解決していく方向性を採るのかの政治の分かれ道は、雇用の流動性についての考え方によって決まってきます。安倍政権は「働き方改革」を強く打ち出していますが、日本の雇用問題は官が解決するという方向性の政治です。ゆえに賃金上昇も残業規制をはじめとする労働環境改善も、基本的には官が規制を用いて主導していく政治です。そうであれば、安倍政権とは異なる方向性としては、マーケットを重視するというものだと思います。

雇用の流動性がないということは、社員が逃げないということと同義です。社員が半ば奴隷状態になることであって、会社にとってこんな好都合はありません。それが低賃金、長時間労働などの劣悪な労働環境につながっています。これには労働組合にも責任があって、本来は雇用主側に対して、そんな労働条件だったら社員に逃げられるかもしれないぞ！　というプレッシャーをかけるべきなのに、クビを切られることを極度に怖がっているために、ひたすら解雇を止めることに終始し、結局雇用の流動性が高まらず、社員が転職できる環境を整えることができなかった。企業が良い人材をどんどん採用できるためには、解雇できる環境も必要なんです。

三浦　日本では、転職に対して極端に否定的な意見が多いんですよ。降格とか待遇の悪いところにいくというイメージが強い。だから、以前討論番組で、米国の女性は転職を重ねてキャリアパスを築いているという話をした時に、ああ、女性は転職させられているんだ、という感じで忌避感は強かったですね。しかし、むしろ、転職は被雇用者の方が機会を有利に使えるんです。女性が会社での昇進を望んで得られないとき、転職は有効な手段だからです。いまの会社で、上に男性社員たちがつまっているとき、別の会社で空いているポストを捜すほうが早い場合もある。いなくなってしまうと思えば昇進させる。

逆に雇用した側も、流動性の高い人材はマイナスではないんです。「あなたには、部長のポストでオファーしたけれど、期待に満たないから、次は契約できません」と解雇することもできる。

橋下　そうそう。僕も弁護士から政治家に転職したクチですよ。残念ながら最大の政治目標だった「大阪都構想」が住民投票で否決されたことで、雇い主である市民から「契約終了」を突き付けられたので、政治家を辞めて弁護士に戻った（笑）。

三浦　それは特殊なケースですね（笑）。とはいえ、いまの日本では労働市場の流動性を促進するのは、そんなに簡単ではありません。社会保障は大幅に企業に委ねられているし、労働者に十分なケアがなされているとは言いがたいからです。

まず、重要になってくるのは人事評価のあり方の見直しです。労働者の権利を守るためには、異議申し立ての権利を考えても良いかもしれない。たとえば、オーストラリアは労働組合が強いので、人事評価に異議があるときは第三者が入ってチェックすることができる。これは企業に不利であるようにも思えますが、逆に言えば、第三者のチェックを受ければ、指名解雇が可能になるわけです。

その意味でこれからの日本で重要なのは、流動化を前提とした上で、解雇された人のケアの制度を整えることでしょう。自民党の大罪は、人材を流動化させなかったことと、業績の悪化した企業や産業を保護して廃業をさせないことでした。これによって生産性が改善しなかったわけです。さらに政府のやってきた社会福祉は高齢者福祉が中心で、労働者の福利厚生、子育て支援体制などの福祉は民間企業に丸投げしてきたといっていい。だからこそ大企業と中小企業では労働者の福祉に大幅な差が開いてしまうのです。それでは、もう立ち行かなくなってきています。

流動性を軸に置いて、そのためのルールや退出する側へのケアを考えなくてはならない。

橋下　それはとても重要な論点ですね。マーケットに任せる場合、すべてを放任したら、単なる弱肉強食の世界となってしまう。それはとても容認できません。

僕は世間では競争原理至上主義者のように思われているかもしれませんが（笑）、そこには必ずフェアなルールと解雇された者へのケアが必要だと考えています。解雇された者へのケアとは転職のサポートですね。解雇を規制し一見労働者を守っているように思えても、実は労働者を半ば奴隷状態にしてしまう。そこで官が主導して労働問題を解決していかなければならない政治の方向性に対して、解雇された者をきっちりサポートすることを前提に解雇をある程度認めて雇用の流動性を高め、労働問題はマーケットが主導して解決していくことを目指す政治の方向性。僕は後者を支持しています。

さきほど生産性の議論がありましたが、日本で生産性が上がらない要因のひとつにも、雇用の流動性の欠如、つまり人材の流動性が硬直化していることがあげられます。部下もいい上司が来たら変わるし、上司も同様です。人材が流動化すれば、労働の現場は改善していく方向に進みやすくなる。ただし繰り返しになりますが、新しい人材を入れるには、古い人材に退出してもらわなければならない。そこにはきちんとした支援策を打ち出すべきです。新しい職へ移るための勉強をする機会の提供とか技術取得の機会の提供など。個人の能力を上げるための支援策は大賛成でこれこそが政治の役割です。

労働者の今のポジションを守るための政治か、新陳代謝を促すための政治か。今のポジションを守るためだけにルールを強化すると生産性は上がらない。

三浦　でも、現実問題としては、ある程度以上のキャリアの社員を企業内で再教育して別のスキルを身につけさせるというのは、かなり難易度が高いと思います。かつてソニーが半導体部門の人員を、保険や金融、旅行などのサービス業に回そうとしたのですが、なかなかうまくいかなかった。やはり人材の再教育に民間のサービスを用いて、雇用保険から出すのか、あるいはある程度国家がバウチャー（クーポン）的に支出していく必要があるのではないかと思いますよ。

橋下　だからこそ、そのような支援策は基本的には公がやらなければなりませんね。もちろん専門の民間企業に委託すれば十分ですが。

外国人労働者を日本のメンバーに

三浦　前にも外国人労働者の問題に触れましたが、大事な問題なので、もう少し詳しく論じたいと思います。

二〇一八年十二月八日に改正入管法が成立し、外国人労働者の受け入れ拡大が始まりました。これは人手不足解消のための方策ですが、非常に問題のある部分でもありますね。

橋下　外国人労働者受け入れ策が争点となった昨年の国会審議は、政権交代を目指す野党にとって千載一遇のチャンスでした。ここには、経済の問題、人手不足の問題、国の将来像など、政治の重要なテーマがてんこ盛りに含まれていましたからね。野党にとって、安倍政権との政治の方向性の違いを示して無党派層の支持を引き付ける好機でした。

三浦　私もそう思います。安倍政権は、今や低賃金労働の代名詞として悪名高い外国人技能実習制度の残滓《ざんし》を払拭できないまま、人手不足の業界の主張に応えて、なし崩し的な受け入れ拡大をしてしまったわけですね。そこには「労働者を使い捨てにしよう」というタチの悪い発想も紛れ込んでいる。理念がうかがえない改正案だったと思います。

そこで野党がなすべきは、スキルドワーカー（高技術・高技能を持つ労働移民）拡大の方向に舵を切るという対案を出すことだったのに、立場を明確にできなかった。

橋下　野党は、安倍政権の提案の問題点をあげつらって批判するだけでなく、安倍政権よりも「外国人を受け入れない」方向性なのか、「もっと外国人を受け入れる」方向性なのか、具体的に「自分たちの政治はこうしていく！」という方向性を明確に国民に伝えるべきだった。問題点の指摘ばかりで、野党の目指す政治の方向性が見えなかったので、無党派層の支持を引きつけることができなかったのでしょう。

三浦　安倍政権の間違いは、業界の構造見直しと生産性の向上の機会を奪ってしまったことです。外国人労働者で人手不足を解消したら、生産性は永遠に低いまま。日本はスキルドワーカーに限って、移民政策を進めるべきです。

橋下　三浦さんの方向性は理解できますが、僕はそれとはまた違う方向性を提案したいですね。外国人は人手不足の補充ではなく、日本のメンバーとして受け入れるべきだと思っています。日本のメンバーとして受け入れるのだから、低賃金労働者として扱わない。

だから、彼らの能力を持ち出して良し悪しの議論をすることには反対。それを言い出すと、スキルのない日本人はどうなるのか、という話にもなる。それよりも「日本語を話せるか」「日本社会のルールを守れるか」を基準にしたほうがいいと思う。

三浦　それは「日本人の間に了解が成立している文化・慣習を受け入れるなら来ても良いよ」ということですね。日本はアメリカやフランス、旧ソ連のように理念で成り立っている国ではないから、風土や歴史などを重視する傾向にあるけれども、その橋下さんの考え方は、そうした日本に脈々と流れている保守的な思想の延長線上にあるように思えます。日本は、一九九〇年代に日系ブラジル人を受け入れましたが、そのときの理由は、日本人の子孫だから、という血統主義でした。

橋下　うーん、僕の考えは保守的な思想というつもりもないし、血統主義の重視でもないんです。僕は血統で人を判断するのは嫌いですからね。だから「日系人だからOK」と考えるのも間違ってると思います。日本的なマナーや慣習を守るのに「日本人の血が入っているかどうか」は関係がない。国籍や人種がどうであろうと、日本的な価値観を受け入れることができる人はできるし、たとえ日本人の血が入っていたとしても、日本的なマナーや慣習を守れない人は守れないしね。

三浦　政治家としてはマナーの良くなかった橋下さんが、マナーや慣習について口うるさくいっていることが面白いですね（笑）。

橋下　「橋下くらいならＯＫ」という基準でもいいけれどね（笑）。

三浦　さらに改正入管法の問題点としては、政治家が外国人の受け入れ数の上限に明確な判断基準を設けなかったことですね。試算は官僚が弾き出したもので、そこに明確な根拠は感じられませんでした。

橋下　あれは大問題ですね。「どれくらいの数の外国人を受け入れればいいのか」なんて、いくら議論を重ねても答えの出ない問題です。官僚たちは真面目に、業界ごとの労働者不足数を積み上げて計算したようですが、そんな計画経済的なことなんてできるわけがない。労働者の需要と供給はそのときどきの経済状況に応じたマーケットに委ねるしかないんです。だからもし、受け入れ人数枠を事前に設けるなら、そこに絶対的な正解はないことを前提にしなければならない。

だからこそ、官僚に丸投げをしないで、政治家が決めるべきだった。ゴールの見えない問題にゴールを設定するのが、政治家の役目ですから。「確たる根拠はないけれど、これくらいの数でいこう！」と、最後は気合でエイヤーと決めるしかない。僕はこれを「戦略的エイヤー」と呼んでいるんです。これは、選挙で選ばれた政治家だからできること。官僚には絶対にできない。

外国人受け入れの問題は、日本の経済構造から国の在り方まで変える可能性のあることなんだから、権力を持った人間がしっかりと決断をして、責任を取る覚悟をもたないと。まずは今後の日本の人口の推移を楽観視せずに厳しく予測する。一億人以上を維持するなんて無理な目標です。六千万人なのか、八千万人なのか。そして外国人を日本のメンバーとしてどれだけ受け入れるのか。そういう国家の大枠をしっかりと議論した上で、毎年の受け入れ人数を戦略的エイヤーで決めるべきです。この方向性こそが、移民政策を完全否定した上で人手不足対策として外国人を受け入れていく安倍政権の方向性と異なるもう一つの道だと思います。

三浦　丹念に政策を練り上げても、最終的に有権者と対峙するのは政治家ですからね。安倍政権はその覚悟が欠けていますね。財界の「人手が足りない」というふわっとしたお題に、よく考えもしないで「なんとなく」応えたためにこうなってしまったのでしょう。

消費税は簡素でフラットな税制

橋下　ここからは、経済とも密接に関連する税金問題に話を進めましょう。僕は競争を重視する政治の方向性を支持するので、税金問題は特に重視しています。競争は所得の再分配とセットにしなければならないというのが僕の持論ですが、所得の再分配こそ権力を行使しなければ実現できないことです。他人の財布に手を突っ込むことですからね。ゆえに所得の再分配を税制を通じて行うことが政治の重要な役割だと考えています。そこで、今年の秋に、消費税が一〇パーセントに上がることが予定されていて、それが政治的にもまた争点になるのではないかという見方がありますが、三浦さんは消費税についてどう考えていますか？

三浦　消費税が導入されたのは一九八九年ですね。このときの消費税率はご存知のように三パーセントで、五パーセント、八パーセントと上げてきて、今度一〇パーセントにしようとしているわけですが、同じ時期、厚生年金保険料がどれくらい上がったかというと、一二・四パーセントから一八・三パーセントにもなっている。国民年金保険料も倍増していますから、年に約十九万円取られています。社会保障費の方はまるで度外視しておいて、消費税だけ上げるたびに大騒ぎして政治イシューになるのは何故なのか、というのが本音ですね。

よく主張される対案に、お金持ちや企業からもっと取ればよいというものがあります。これは二つの観点から難のある考え方です。まず、日本経済がグローバル経済と接続していることを理解していないために、相互作用を理解できていない点。次に、税収の確保については熱心だけれども、成長には関心がないという点です。

所得税を上げ、法人税を上げていくとしましょう。日本だけ突出して上げてしまうと、資産フライトの可能性が出てきます。日本企業の競争力にもマイナスが大きい。先ほど労働分配率を政府がいじることは難しいというお話をしましたが、政府が税制をいじると、そこには相互作用が出てくるんです。経済にダメージを与えれば、そもそもの分配の原資が細ってしまう。一方、消費税はとりっぱぐれることがなく、かつグローバルに中立な税金なんです。もともとOECD加盟国の消費税率は平均一九パーセントで、一〇パーセントに上がっても日本は下位のほうなんですね。

本当は五パーセントから一気に一〇パーセントに上げても良かったと思いますが、政治家はどうしても選挙にマイナスだから、とびびってしまう。結果的に二回にわたって消費税に影響を与えることになってしまったのです。実際に、民主党は野田内閣のときに消費税増税を打ち出して、政権を手放していますから、そのトラウマは強いのでしょう。

消費税には、逆進性があると指摘する人がいます。ただ、個別の税制だけで逆進性を指摘するのはナンセンスです。人びとの収入や財産は消費に回すか、最終的には相続に回すしかないわけで、消費税と相続税をセットで考えれば、むしろ捕捉性が高くフェアな累進性のある税制を構築することができます。税は取れるところからとる、ではなく、簡素でフラットな、効率的な税制が望ましい。むしろ、あまりに複雑な軽減税率などを導入すると、徴税コストが膨らんでしまいます。

橋下　社会保険料については低所得者には減免制度がありますし、また年金保険料は後に確実に返ってくることを国民が明確に認識しているところが消費税と違いますし、何よりも消費税の場合には、消費そのものに直接影響する懸念があるので、政治上どうしても大きな争点になってきます。三浦さんの言うように、僕も軽減税率には反対です。何を軽減税率の対象にするかで、業界団体と政治が癒着する危険が高い。それと、今回は消費税増税対策として、キャッシュレス決済においてはポイントの還元をすると言っています。そこまで複雑な対策を打たなければならないほど、増税によって国民経済が落ち込む懸念が生じるのであれば、消費税増税はいったん白紙にすればいいと思います。緩やかに景気回復の兆しが見えているのですから、もう少しタイミングを待てばいい。

さらに僕はそもそも地域ごとに税収のばらつきが少ない（偏在性の小さい）消費税は地方自治体の税財源に、ばらつきの多い（偏在性の大きい）法人税は、国の財源に、と整理しなおすべきというのが持論です。国の税財源を確保する策として、いま消費税を上げることには反対です。

三浦　消費税の控除を行うならば、国にも国民にもメリットがあるのは保育と教育サービスですね。自費で賄うから多様性のあるサービスを受けたいという人は数多くいます。だから保育・教育サービスに関しては、全額控除にしてもいいと私は考えているんですね。もちろん三親等以内に限るなどの一定の制限を設ける必要はありますが。それから消費税の負担を考えると、低所得者の場合は特に必要な食費や教育費がありますから、平等にとった上でやはり給付の対象にすべきでしょう。

相続税一〇〇パーセントを主張する理由

橋下　僕は、税は所得の再分配が基本的な機能だと思っているので、個人主義を徹底するなら、相続税は一〇〇パーセントにしてもいいと思っています。

本当に個人主義を貫くなら、親の財産を引き継ぐことは不平等の最たるものですから。

人間誰しも、親の財産をあてにすることなく、よーいドンで競争すればいい。さらに重要なのが教育無償化なんです。本人の意思と能力に応じて、どんな教育も原則無償で受けられることが可能ならば、親の経済状況に頼らなくて済む。

もちろん個人事業の事業継承の仕方などテクニカルな問題はいろいろ出てくるとは思いますが、そこは専門家に考えてもらえばいい。かなり極論になりますが、税の方向性としては、競争環境を徹底して平等にした上で（相続税強化）、切磋琢磨を促し、その結果得られた金員（フロー）は個人の自由処分に委ねる（経費控除の拡大）が、剰余分（所得・資産）には格差是正のために徴税強化する、というのが僕の持論です。

三浦　いや、それは極論ではなくて、暴論だと思いますよ。

橋下　竹中平蔵さんと話をしたとき、この相続税一〇〇パーセントの話をしたら、個人主義を強く主張しそうな竹中さんですら、「橋下さん、それはちょっと……」と難色を示していましたね。自分の子供に財産を残す自由も大切だ、と。

三浦　そうでしょうね。そもそも私たちが生きている資本主義社会の大原則は、国家が勝手に私有財産に手をつけないこと。これがあらゆる自由の根本にあるわけです。個人が努力して得た財産が全て国に取られるというなら、それは自由がこの世の中に存在しなくなることを意味します。

橋下　生きている間は自由に使えるんですよ。子どもにお金をかけたいならば、自分が生きている間に教育に使ってもいいし。

三浦　相続も自由な選択のひとつじゃないですか。そもそも相続税は、所得税をはじめあらゆる税金を払った上で残った資産にあらためて課税するわけですから、本質的に二重課税ではないか、という批判もある。それを極大化してしまっては、相当の資産が日本から流出することが目にみえています。

それにね、橋下さんは嫉妬の部分では人間性に着目した議論をしていたのに、ここへきていきなり人間性に反する議論を展開するところが不思議（笑）。子どもや伴侶にお金を残したいというのは勤労のための根源的な人間の動機の一つですよ。

橋下　三浦さんが言われることもわかりますよ。僕個人も、必死になって働いて稼いだお金を、なんでこんなに税金で持っていかれるのか、と腹立つときもありますけど（笑）、まあ僕なんかよりももっともっと納税している人もたくさんいますしね。今も経済格差がありますが、さらに広がっていくと、社会はどんどん不安定化します。収入の多い人も資産を持っている人も社会が不安定化すれば元も子もありません。安定した社会を作るためにはコストを負担してもらわざるを得ず、まさに三浦さんのように嫌がるお金持ちから、強制的にその財産を奪うことは政治権力にしかできません（笑）。社会を安定化させるために所得の再分配をすることが政治の役割の柱です。政治家を経験したのでこのように統治の視点から偉そうなことを言っていますが、国民視点なら三浦さんと同様の考えです。

三浦　そういうところが、政治家の危険なところです。政治家は分配することしかできず生産していない。他方で、成功の基準は短期的には再選です。彼らの短期的利益のために自由や豊かさが損なわれないようにしなければなりません。政治権力は、謙虚に権力を発揮してほしいと思います。

税の累進性を高めて、お金持ちや大企業からもっと取ろうというのが、有権者にアピールするのは理解できますよ。実際アメリカでも、昨年、大統領選で旋風を巻き起こしたバーニー・サンダース議員の周辺から、過激な左派が生まれていて、極端な資産課税を主張したり、高額所得者に対する累進課税を増やそうとしたり、法人税増税を主張したりしています。

しかし、それが経済においてどれだけのマイナスを生むのかをきちんと押さえておく必要があります。さっきも言いましたが、法人税を上げすぎたら、日本企業の国際競争力は低下しますし、高所得者の税率を上げる試算をしたところ税収はそれほど伸びないということが、すでにエコノミストの分析でわかっています。むしろ税収を上げようと思ったら、かねてから言われていることですが、所得捕捉率がきわめて低い個人事業主や農業従事者からきちんと徴税したほうが効率がいい。

あと、寄付などのあり方について、もっと日本は進化していってもいいですよね。たぶん橋下さんが言いたいことのなかには、社会貢献の義務みたいなところがあるんだろうけど、政府がそのお金を受け取るべき主体であるべきなのかどうかは疑問が残ります。あれだけ地方の行政でコストカットしてきた橋下さんでも、パンパンにふくらんだお財布を渡されれば使いたくなってしまうでしょう？　私はもっと日本でフィランソロピー（社会貢献）が広がったらいいなと思います。ふるさと納税で牛肉をもらうんではなくてね。

橋下　徴税漏れがないようにするのは当然のことで、これは税システムをＩＴ化することで進めていくしかありません。そして経済成長も重要ですが、社会の安定はもっと重要。いくら経済が成長しても社会が不安定になれば元も子もありません。経済成長に少々マイナス面があったとしても、国民の大多数がそれなりに希望をもって暮らしていける社会にすることの方が重要だというのが統治の視点です。

ゆえに、相続税一〇〇パーセントは極論だとしても、僕は何らかの形で資産課税を導入する必要はあると思います。また、いまの日本のGDPの六割は消費によるものですよね。消費を増やすことが経済成長の一つの大きな柱であることは明白です。ところが今は企業も個人も内部留保と貯蓄、つまりお金を溜め込んでしまって、消費に回っていかない。もっと消費を喚起する税制度が必要なのに、いまの政治家や官僚は国民から税を取ることしか考えない。しかし、国民にお金を使わせる税制という方向性もあるはずです。

現在は、法人所得も個人所得も、まずは官が税として持っていってしまう。そうではなく、使った分はすべて税の対象外とすれば、「税金で取られるくらいなら使った方がましだ」とみんなどんどん使いますよ。その使った額を対象に消費税として徴税すればいい。

三浦　使えば税金はかからないとすれば、そりゃ使うでしょ。

橋下　領収書やレシートの偽造などが横行するでしょうね。しかもその取締りにまたコストがかかる。

三浦　ITシステムを駆使したキャッシュレス決済だけを非課税にするという対応も考えられます。そのあたりは細かな制度設計、技術の問題で官僚や専門家の領域です。

三浦　つっこみどころはたくさんありますが、本質的な問題だけに絞りますね。

資産課税は、確かに税収を上げるには、大きなポテンシャルを持っている可能性はあります。けれども、それには大きな問題が三つあります。ひとつは技術的にほぼ不可能であること。二つ目は経済活動や投資への負の効果があまりにも大きすぎること。三つ目は人々の消費行動を歪め、企業の生産活動を歪めることです。

橋下　たしかに不動産などを買った場合は消費なのか、資産と考えるのかといった細かいテクニカルな部分は改めて議論が必要だけど、重要なことは大きな方向性です。

三浦　いま言われた問題は、けっして細かいテクニカルな話ではないと思いますよ。何が資産かという線引き、そしてその資産をいかに評価するかは難問中の難問です。美術品や株を持っていて、現金がなかった場合には、それを売却させて、納税させることになる。仮にある経営者の資産のほとんどが自社株だとすると、極端な話、会社を手放して税を納めさせるのかなどと考えていくと、ほとんど実行不可能です。経済が大混乱しますよ。かつてヨーロッパ諸国でも資産課税の導入が試みられましたが、結果的に効果がそれほど上がらなくて、ずっと後退しています。

橋下　うーん、そのレベルの話は、専門家や官僚に制度設計を委ねるところだと思うな。三浦さんが今指摘したくらいの問題は、現在の税制度の中でもいくらでもありますよ。税制にはそれはそれは複雑怪奇なルールが山ほどありますが、一応制度として成り立っています。もっと言えば、世の中に存在する制度は、様々な問題点をクリアーするために、よく考えたなーと感心するものばかり。でもそれが行き過ぎて複雑怪奇なものになって使い物にならなくなってしまうことも多いですけどね。とにかく官僚たちは、大きな方向性が出れば、それを制度化するのは天才的です。それを八年間、目の当たりにしてきましたからね。

大阪都構想については、僕が出した大きな方向性は、「大阪府庁と大阪市役所を組織として一つにまとめる。大阪市役所は複数の特別区役所に分けて、区長は選挙で選ぶ」というものでした。ここから役人たちが、あの制度設計を完成させたのです。その間、専門家から一般のコメンテーターまで、ありとあらゆる問題点を指摘してきましたが、役人はそれらに全て対応策を講じた制度を作ったんです。府庁と市役所という巨大組織を合併し、大阪市役所を複数に分割するのですから、それは大変な制度設計で、問題点は挙げたらきりがないです。それでも現状の府庁、市役所の体制よりもましな制度になりました。ゆえに、ここで重要なことは問題点を指摘することではなく、大きな方向性の議論です。

大きな方向性としてどちらがよりましかの比較優位の議論。ここが有権者の判断のポイントです。資産が生み出す収益は労働による収益よりも高いという経済学的な論証もあり、現実に、上位の富裕者層が富を独占している現状において、資産課税を導入することが、現状よりもましかどうかの議論です。そして大きな方向性さえ決まれば、税のプロたちが三浦さん以上に問題点を指摘し、そして官僚たちがそれをクリアーする制度を作ってきます。日本の官僚たちは優秀ですよ。

三浦 いいえ、やっぱり資産をいちいち評価するのは、基準もはっきりしないし、手間もかかりすぎるんです。たとえば美術品や骨董は、ものによってはきわめて高い資産価値がありますが、それがいくらなのか、いちいちオークションにかけるわけにもいかないでしょう。そうなると、現在も行われている資産課税、すなわち地価というわかりやすい基準がある不動産への固定資産税や、相続税くらいしか取りようがないわけです。

橋下 うーん、そこは税のプロや官僚たちに任せましょう。場合によっては、とりあえず現金や預貯金を対象とした資産課税から始めるということもあり得るでしょう。たとえば一八年に日銀が発表した数字では、日本全体で預貯金は約千兆円ありますが、仮に課税率を年一パーセントとしても年十兆円の税収になる。

三浦 預貯金を対象にした資産課税の最大の問題点は、投資にお金が回らなくなることですよ。

橋下　投資に関しては、きちんと考えないといけない。ここも税のプロや官僚たちに委ねたらいいと思います。ただ、国民の全員が投資に関わっているわけではないので、投資だけを守るようなことはよくないと思います。全体最適を考える必要があります。

課税をしすぎると投資の原資が減る

三浦　たぶん橋下さんが理解されていないのは、投資活動は日本経済全体に関わっているということ。消費だけを無税にして消費を煽れば、お金を銀行に預ける人は激減するでしょう。私たちが銀行などに預けている預貯金はただ金庫にしまわれているのではなくて、銀行が企業などに融資するなど、投資に回されているわけです。銀行にお金を貸せるだけの原資がなくなってしまったら、ビジネスチャンスを失う人が続出し、日本経済はたちゆきません。

橋下　今は現金や預貯金の多さが問題になっているので、それを解消する方策が必要な時です。現金や預貯金が少なくなり投資に影響が出てくれば、その時に方策を変えればいいのです。かつて証券投資を促すために、分離課税制度が採られ税率は一〇パーセントというものでした。超富裕層の実効税率が非常に低かったのは、この分離課税制度が原因だったと言われていました。そこで税率は二〇パーセントに上げられました。そのときも反対派は「二〇パーセントになんかしたら証券投資は壊滅する！」と騒ぎましたが、今、証券投資は壊滅していません。政治行政で重要なことはまずは大きな方向性を決めること。あとは官僚や専門家に任せて制度設計してもらえば、三浦さんの指摘する問題点はほぼほぼクリアーするものができてきますよ。そこから細部をまた議論したらいいわけで、今の段階で、細部の問題点を理由に大きな方向性を全否定するのは、現実の政治をやる上で最も間違いやすい過ちです。これまでの政治家が官僚に「できません」と言われてシュンとしていたパターンです。

繰り返しになりますが、大きな方向性を決めて官僚に制度を作らせれば、当初考えていたことから修正も色々入ってきます。使った分を非課税にすると言っても、非課税の範囲について官僚は色々と考えるでしょう。今回の消費税増税に伴う軽減税率でも、何が軽減税率の対象になるのか線引きは極めて難しいのに、一応制度化しています。キャッシュレスによるポイント還元も、当初の方針が示された段階では問題点は山ほどあったはずなのに、官僚たちは一応制度として仕上げてきました。三浦さんが指摘する以上に、専門家は問題点を挙げてくるでしょうが、官僚たちはそれを乗り越える知恵を持っています。

三浦　橋下さんはこうやってねじ込もうとするけれど、税については取れるところから取る、ではなくて、その効果、意味合いが重要なんですよ。間違った方向かどうかはこの場合初めに分かりきっている、と思うんですけれどね。いずれにしても資産課税については、きちんとシミュレーションした上で提言すべきです。

橋下　資産課税については三浦さんのような意見もありますが、OECDなどのそれなりの機関ではその有用性を提言しており、資産課税が絶対にダメなのかどうかは理論的に確定したものではない。あとは政治判断です。

政治はまずは大きな方向性を示して、識者たちに制度を作ってもらい、そこで最終判断です。シミュレーションするにも大きな方向性を示さなければなりません。ただ今の日本においては官僚以外に、そのような制度設計ができる識者が少ないのが現実です。ここが日本の弱さです。学者に政治行政の現場で実務を経験してもらい、制度を作る技術を学んで欲しいと強く願う理由です。日本の政治行政関連の学者は抽象論は語るのですが、具体的な制度設計まではできない。これは大学の領域ではなく、シンクタンクの領域なんでしょうけど。

三浦　政治家を支える専門家の体制のはなしですね。それはわかりますよ。ただ民間のエコノミストを登用していないという問題のような気がしますが。現実の政治の世界に門戸が開かれていないからです。問題は霞が関にもありますね。財務省には成長のための税制という感覚はゼロですね。政治家や官僚が誤解しがちなことですが、税金は彼らのお金ではありません。まったく違う。国民のお金を預かっているだけなんです。彼らはともすれば国民のために国家があるのではなく、国家のために国民がいるというマインドになってしまっている。だから、財政といえば税収を増やすことがゴールになっていて、国民を豊かにするという本当のゴールが見えていないんですね。

また、霞が関の官僚が「経済成長」を考えると、必ず財政政策、すなわち自分たちが税金を使う話になってしまう。補助金を流し込んだり、公共事業をつくるといった方法しか思い浮かばないのです。でもこれが機能したのは昔の話で、もう破綻したモデルに固執しているんです。

さきほど保育と教育サービスを消費税の控除対象とすることで、それらのビジネスの発展を促すことにもなる、という話をしましたが、働く親が保育や教育に使うお金を税額控除の対象とする、というのも成長に役立ちます。積極的に成長戦略と税制を絡めていく必要があると思います。

たとえば日本経済にとって大きなフロンティアは、すでに成熟してしまった製造業ではなくて、観光などのサービス業なんですね。そこで「観光に使ったお金は控除の対象とする」と打ち出して、観光産業にお金が流れる動きを作り、産業構造の転換を後押しするといった戦略も立てられるはずです。ただ、いずれにしても極端に消費行動を歪める税制は良くありません。

橋下　官僚たちが三浦さんが批判するような思想で制度を設計しているのであれば、それは政治がきちんとした方向性を示していないからです。所得の再分配を強化するのかどうか、累進課税を強化するのかどうか、相続税を強化するのかどうか、資産課税を導入するのかどうか、消費税の控除対象を拡大するのかどうか、不公平を正す税制を強化するかどうかの大きな方向性をまず示すべきです。三浦さんも保・教育や観光などの分野では消費を非課税にすべきだと考えているようですが、政治が大きな方向性を示せばここはさらに国家戦略を基に専門家や官僚たちがブラッシュアップしていくでしょう。不公平を正す税制の強化に僕は相続税の強化も含めていますが、各業界団体からの要望によって成立している租税特別措置法の縮小はその典型です。租税特別措置法は、業界団体の利益を重視する自民党政治の象徴。そうであれば、それを縮小していくのがもう一つの政治の方向性だと思います。そのような大きな方向性をしっかりと決めれば、官僚や専門家たちが様々な問題点をクリアーしながら具体的な制度設計をします。

保険制度はメカニズムから変えるべき

橋下 社会保険改革も喫緊の課題ですね。ことに国民健康保険などの公的な医療保険制度は破綻の危機も叫ばれているのに、抜本的な改革にはまったく手がついていない。今の政治行政は、診療を受ける際の自己負担を増やして対応しようとしていますが、それは弥《び》縫策《ほうさく》です。

僕は公的な医療保険の最大の問題は、「保険」という名前が付いているのに、まったく保険のメカニズムになっていないことだと思います。そもそも保険というものは、事故や病気などの保険事故が生じた場合に、保険給付が多くなれば保険料が上がり、保険事故がなく保険給付が少なかったら保険料も下がるというのが基本中の基本。給付金額と保険料を結びつけることで、最適な給付金額と負担になるという発想です。

三浦 民間の医療保険は、必ずそうした統計などに基づいた保険数理によって運営されていますね。

橋下　ところが現在の公的な医療保険は、保険を使う使わないに関係なく、同じ保険料を払い続けるわけです。だから保険使用に抑制が利かなくなっている。そもそもの設計思想に問題があるんですよ。

シンガポールでは自己勘定方式になって、保険給付と保険料が明確に紐づけられています。だから、風邪くらいではみな保険は使わない。使わなければ、その分、保険料のバックク分として自己勘定の積立金が増えるので。今の保険制度を維持したまま、個人の負担を増やす方向性か、抜本的に制度を見直し保険のメカニズムをきちんと導入する方向性かに分かれるところですね。保険料が上がることを懸念して病院に行かない人が増えるという批判も出てくるだろうけど、そのような問題点があったとしても、抜本的見直しがいいのか、それとも現状のままでいくのか、どちらがよりましなのかの、比較優位で決める話だと思います。

三浦　保険制度の改革には賛成です。日本の国民医療費は、平成元年度には二十兆円だったのが、平成二十九年度には四十二兆円。ＧＤＰ比では八パーセントにも達していて、今後も伸びはとまらないでしょう。制度設計を見直す必要があると思いますね。

橋下　国民健康保険は、個々人の保険料に加えて、全財政の半分くらいが税金で負担されています。以前は僕も国民保険だったのですが、それなりの収入があっても、税金で負担してくれる部分があるんです。それは、おかしい。原則は保険給付額から保険料をはじき出し、低所得者のみ税金で保険料を低減させるというのが望ましいと考えます。ここも所得の再分配の強化、不公平を正す制度の強化という大きな方向性に基づくものです。

三浦　低所得者の優遇は、有権者の支持も得やすく、反対もしにくいと思いますが、裏を返すと負担が不公平になることも忘れてほしくない。日本はあらゆるところで複雑に累進性が張り巡らされていて、たとえば高齢者の医療費負担も、所得の多い人は七十歳以上で一割、七十五歳以上では二割も負担が大きくなっています。税金などの公的な負担は公平性がとても重要で、「破綻しそうだから、取りやすいところから取る」というのではやはり危うい。国家への信頼感にも関わる問題です。

むしろ健康政策を通じてどうやって医療費を節約していくかという、国民の健康と福祉に資する方向で考えて行くことに未来があると思います。貧しかったり重労働・長時間労働の人が病気になりがちならば、むしろそこにお金を割くべきです。病気にはならない方がいいし、無駄な医療を使うのは良くない。そもそも問題の根本を解決していくべきなんですよ。

橋下　そこは所得の再分配による格差是正をどう考えるか、社会の安定というものをどこまで強く考えるかの違いでしょうね。

官製コントロールかマーケット重視か

橋下　二大政党制を前提に、政治の大きな方向性を二つに分けるなら、やはり官がコントロールする方向とマーケットを重視する方向に分かれるでしょうね。マーケットを重視すると言うと、すぐに新自由主義！　とレッテルを貼って批判してくるインテリが多いですが、現実の政治行政において政策を立案・実行する場においてはそういう抽象論ではなく、どちらの方に重きを置くかという話になります。先ほどの働き方改革や外国人労働者の受け入れ策についても、結局はこの二つの方向性のどちらを重視するかによって、具体的な政策の方向性が変わってくることを確認できました。

さらに、「需給調整」というものをテーマにあげて、この二つの政治の方向性についてを深堀りしたいと思います。需給調整とは、その名のとおり需要と供給の調整ですが、それを官が主導的にやる政治の方向性か、それとも需給調整はマーケットに委ねる政治の方向性か。僕は一貫して官による需給調整には反対の立場です。需要と供給の量の調整は基本的にマーケットに委ねるべきだ、という立場です。

ある商品やサービスにどれくらいのニーズがあるのかなんて、官僚にわかるはずがない。ニーズがあれば多く作り、売れなければ減らすというのは、マーケットの自己調節機能がもっとも発揮されるところだと思います。明確な根拠もないのに官が需給調整を行うことは、結局は新規参入を拒み各業界の既得権益を守るか、役所の権限を守るかの効果しかなくて、国民のためにならないというのが、僕の持論なんです。既得権打破！　と僕が政治家時代にずっと叫んでいたのは、「もっとマーケットを重視せよ！」という主張に他なりませんでした。

例を挙げるなら、タクシーの台数制限です。これはタクシー業界が新規参入を嫌ってタクシー台数の調整を行おうと、国交省や政治家に働きかけたんですね。まさに官による需給調整、自民党政治の典型です。そのときには過剰競争になると、運転手の労働環境が劣化するとかいろいろな理由をつけていたのですが、なぜ大阪に必要なタクシー台数がその数なのか、僕にはさっぱり分かりませんでした。運転手の最低賃金や労働環境はきちんと定めればいいと思います。そしてそれを守れないタクシー会社は退場せざるを得ませんが、そのときの台数規制は、既存のタクシー会社の経営破たんを回避するものとしか感じられなかった。大阪府民には一部のタクシーのサービスに不満を持っている人はたくさんいます。それは業界に切磋琢磨の環境がないからです。

野党としては、自民党政治の方向性とはまったく別の、官による需給調整を否定する政治を示す大チャンスだった。ところが当時の日本維新の会の国会議員たちタクシー台数の調整に賛成して法案を通してしまったんですね。既得権益打破のために闘う！　と訴えて当選したのに、言っていることとやっていることが違うじゃないかと。有権者からの信頼を積み上げていくのは本当に大変ですが、壊れるのは一瞬ですからね。その後、日本維新の会が徹底した改革政党だと見られることはありませんでした。そして大阪でタクシーの台数調整が始まった結果どうなったか。肝心な時にタクシーは拾えないし、サービス業として失格の運転手もまだまだ残っていますしね。

タクシーに関していえば、いまではウーバー（配車アプリ）の導入が課題となっています。すでに、世界七十カ国以上で導入され、タクシー乗り場に並ぶ必要はない上、事前に目的地まで決めてクレジットカードで決済しているから、わざわざ現金を出さなくてもいい。しかも運転手と客双方についての評価がネットで公開される。客にとってダメな運転手のみならず、運転手にとってダメな客まで、評価が悪いとウーバー市場から退場させられるので、タクシー車内の空間は非常に快適です。こういった新しいライドシェアサービスに猛反対しているのが日本のタクシー業界ですよ。新しい産業の妨げになっているわけです。もちろん質や安全性の規制のところに官が関与することは大切です。ここはまさに政治の方向性が影響するところですね。

規制によって官による需給調整を重視するのが自民党政治の本来の方向性ですが、安倍政権は規制緩和によるマーケット重視の方向性も打ち出してきています。そうであれば、安部政権以上に規制緩和を訴える勢力が出てきてもいいはずなのに、今の野党は安倍政権の新しい提案にいちゃもんばかりつけて反対している姿勢が強く出てしまっています。安倍政権と異なる政治の方向性を有権者に感じさせることに失敗していますね。

三浦　野党の側が規制改革の壁になっている例はいくらでもありますね。そもそも組合の側に立つ結果として、既得権に引きずられることも多い。また、医療や介護、保育、教育といった少子化社会においても引き続き家計支出が見込まれる分野で産業創出をしようという努力もまるで足りない。そうした分野では、金太郎飴のような画一的サービスを全国一律に、しかもなるべく官営で提供するのがよいと思っているのではないでしょうか。

だからこそ、介護問題も地方自治の範疇の課題にすべきだと考える人が少ない。地方によって医療・介護が抱える問題はまるで質が違うにもかかわらず、です。

また、「よく練られていない」「議論の前提が整っていない」などを常套句にして、ストップをかけることも多い。何かを阻止することよりも、どのような設計にしていくかに関わっていく方がいいのに。恰もそれが有効な政権批判であるかのようです。しかも国会議員の多くは、ミスをしないとか恥をかかないことに神経を使っている。なによりも減点を恐れているんです。

加計学園問題の本質は需給調整にある

三浦　二〇一八年に大きな問題となった加計学園問題でも、実は、その本質は需給調整なんですね。そもそも、なぜ獣医学部の数や獣医の数を国家（文科省や厚労省）が厳しくコントロールする必要があるのかわかりません。当然ながら、獣医になるには一定の教育課程を修め、国家試験を受けるという「質のコントロール」は受けているわけで、それには合理性があります。しかし、数まで国家が縛るというのは、あの破綻した社会主義国家の計画経済そのものですよ。さらにいえば、需給調整を行うから、官に影響を与えられる政治家の「口利き」が横行するわけです。需給調整がなければ、そもそも加計学園問題など起こらなかったといえます。その意味では、医療行政、教育行政のなかで長年の大問題とされてきた、医者の数が余っているか不足しているかといった議論も同じ構造です。国は、医師としての品質管理だけを行うべきでしょう。

橋下　同感ですね。これは僕の属する弁護士の世界も、まったく同じ問題があるんです。司法試験の合格者は一時期、三千人の拡大を目指していたのですが、二〇一五年の「改革」で千五百人程度と絞られてしまいました。これには日本弁護士連合会からの強い要望があったのでしょう。今でも「千五百人なんて多すぎる、千人にすべきだ」などという要望書を出している地方弁護士会もあるくらいです。そもそも僕は合格者「数」を決めること自体に反対です。一定の質の基準をクリアーした人には全員、弁護士資格を与えるべきですね。一年に三千人の合格者を目指していたことで、年間二千人を超える合格者が出ていましたが、そのことによって国民に不利益があったでしょうか？　確かに弁護士自体の競争は激しくなるし、いま弁護士をやっている僕もライバルが増えて困ります（笑）。しかし、世の中全体としてはメリットの方がはるかに大きかった。

かつては全国に点在する裁判所が所管する地域の四割は、弁護士がゼロ人か一人といういわゆる「ゼロワン」地域でした。それが弁護士が増えたことにより、今はゼロワン地域がなくなったんです。大都市でやっていけないなら地方に行く。いまやどんな弁護士でも大都市で殿様商売ができる状況ではなく、自分がやっていける地域を探すことになりました。また企業でも社員として弁護士を雇うところが増えましたし、役所も弁護士を雇えるようになりました。かつてのような高額報酬が、普通に雇える報酬に変わってきたのです。ところが、また合格者数を絞ると、ニーズのあるところに弁護士が行き渡らないことになるでしょう。

実際に、今年、児童虐待に関しての法律が改正される際に、児童相談所に弁護士の配置を義務化するべきだという議論がでてきたのですが、結局は弁護士の数が足らないということで義務化は見送られました。ニーズのあるところに数が足りないからという理由で弁護士が配置できない。幼い子供の命に関わることなのに、弁護士の不足で対応ができない。これは官による需給調整の弊害の最たるものです。

官にしか出来ない仕事とは

橋下　僕が大阪で役所改革に力を入れたのは、官による需給調整を打ち破りたかったたからです。需給調整の究極は、官自身が民間でもできる仕事を独占していること。民間事業者間を調整するではなく、そもそも民間事業者を排除してしまうので、最悪の形です。そこで官によって独占している事業を、民間に開放することを考えました。これも官を重視する政治の方向性か、マーケットを重視する政治の方向性かの違いですね。

現在の国と地方の予算をあわせると、日本のGDPの四〇パーセントにあたる二百兆円にものぼります。官にしかできない役割もありますので、このすべてを民間に開放するわけにはいきませんが、それでもできる限り、官が抱えている仕事を民間に開放していけば、経済成長の可能性はまだまだあると思うんです。

官にしかできない仕事とは何かと考えていくと、警察・消防・防衛・セーフティーネットなど性質上明らかに官にしかできないものを除いて、大きく二つなんです。ひとつはスタートアップ。初期投資にお金がかかって、民間ではすぐに利益が出るかどうかわからない事業ですね。大規模なインフラ整備もそうですし、幼稚園や保育所、学校や病院なども当初は官が設立しなければなりませんでした。

三浦　スタートアップは官が支援できる部分はありますが、日本の官主導のものはほぼことごとくと言ってよいほど失敗していますね。本来、官には目利きもいなければスタートアップ育成の方法論もありませんから、資金だけ出してやり方は民間に任せなければいけない。

その一方で、橋下さんの指摘どおり、軍事関連では官の力が不可欠です。各国では軍事関連の研究開発費（R&D）が膨大に費やされることで、様々な軍需産業に限らないスタートアップが集積していくのですが、日本だけはなぜか防衛産業の研究開発は民間任せなんですよ。つまり、政府が突如予算を削ったり、調達の予測可能性はないが、研究開発はそっちでやってくれと。都合のいい話でしょう？　各省庁が国益に基づいた視点で政策を行ってないからなんです。日本は肝心なところほど民間任せなんです。

橋下　そうですね。二つ目に必要なのが、質や安全のコントロール。先にふれた医師試験や司法試験などは、官のチェックが必要ですし、安全基準にかかわる業界ルールもそうです。基準を満たしていなければ、ペナルティーを科したり、その業界から退場させたりしなくてはならない。これは官でなければできません。逆に言うと、それ以外は可能な限り民間に開放していくべきです。

三浦　インフラ整備のように、本来は民間から資金を集めることができるものまで管理したがります。政府保証を付け、なるべく民間資金を活用して行えば効率も良くなるし生産性も上がるのに。

なぜ民間に任せることにそこまで抵抗感があるのか。官からすると、すべてをコントロールするのが自分たちの仕事だと思ってきたわけですね。だから、橋下さんのように、その仕事は民間でも出来るでしょ、と言ってしまうと、彼らの存在を否定されたかのように感じて、大反発する。でも、現実には公務員の発想では上手く利用できない資産や事業がいっぱいあるわけで、それを民間に渡すことで新しい経済の流れが生まれるんですね。それは、民間の活力を刺激するし、行政の効率化につながる。本当は官にとってもメリットがあるはずなんです。

大阪城を民間に開放してみたら

橋下　大阪市がやった大阪城公園の管理の民間開放は象徴的だったと思います。お城も公園も、市がぜんぶ管理していたときには、毎年四千万円のコストがかかっていた。でも大阪城公園って、大阪のど真ん中にある緑の森で、しかも大阪城は観光スポットとして最高です。本来なら人がわんさか来て、うまくやれば儲けることができる。ところが役所は公園を活用して儲けることなど考えない。このように役所が管理している行政財産が有効に活用されていない事例が山ほどあるんですね。

そこで、公募をかけたら、五つの企業から成る共同管理運営会社が落札しました。民間の管理コンセプトは、役所とは違って斬新かつ明確でした。どれだけ大阪城公園に滞在してもらい、お金を落としてもらうかを徹底的に考えている。駐車場を広げたり、廃墟ビルと化していた趣のある旧陸軍師団司令部をレストランに改装したり、駅前には大規模な飲食街を設けたり、お濠《ほり》には屋形船を遊覧させたり。海外からの観光客が激増したことも重なって、今では全国のお城の中で観光客はナンバーワン。僕が市長を退任した後の平成二十八年度の数字だと、管理コストはもちろんゼロですが、それにとどまらず民間管理運営会社から大阪市に二億五千万円＋αが納付されています。市による管理の状況からすると想像もできなかった大阪城公園になっています。最初は「民間に管理を任せると、木がおかしくなる」なんて議論もあったんですよ（笑）。公務員が管理しないと、植栽がちゃんと維持されないという話です。公園管理が仕事の役所部隊が存在していましたからね。

三浦　木がおかしくなる、ねぇ（笑）。日本の公立庭園がイギリスの王立キューガーデンくらいに素晴らしくて野心的な試みを行い、利用者にも楽しみと教育を提供して民間とも協力していれば嬉しいんですけどね。保存は大事だし、庭園管理や植物のプロは大事にしなければなりません。でも実際には、まるで国民に還元しようという視点がなく、閉鎖性が際立っていますよね。何か新しいことに挑戦しようというチャレンジ精神もない。キューガーデン、橋下さんぜひいらしたらいいですよ。とても素敵なの。野外音楽会もするし、子どもの自然教育にも最適。常にどこかでちいさなプロジェクトが進んでいて。

従来の役人による管理方式で日本の公園や自然が守られてきたかというと、そうではないんですね。日本の国立公園をみればわかりますが、無駄な開発を許して環境破壊は進んでいるうえに、きちんと森林を守れる人材を雇えていないから、観光でもせっかくのポテンシャルがまるで生かされていない。里山も手を入れなければ維持ができないんです。日本の美しい国土をどのように活かすかという視点がまるでないんですね。だから、官が優秀だというのは誰が上に行っても回る仕組みとしての組織力でしかないと思いますね。

補助金が市場をゆがめてはいないか

橋下　さらに官が特定の企業に巨額の補助金を出すことも、官による需給調整、市場コントロールの一つの姿とも言え、非常に問題が多いですね。企業誘致のための補助金は、公平・公正に支給されるルールが必要ですが、現状は、特定産業、特定企業先にありきの補助金になっている例が多いですね。そうなるとそこに政治が口利き介入して、結局市場をゆがめてしまう危険もある。

二〇〇七年、シャープが大阪の堺浜に液晶ディスプレイのパネル工場を作ることになって、僕の前任だった太田房江知事と当時の府議会は、関連会社も含めて二百五十億円近い企業誘致補助金を出しているんです。府庁の経済担当部局がこれからは液晶パネルの時代だと判断して、それだけの金額を出す方針が決まったのだけれど、結局、シャープは世界の競争に勝てず、最終的には台湾の鴻海《ホンハイ》に買収されてしまいました。

僕は役所に、これから伸びていく産業や企業は何であるかの判断はできないと思うし、投資の判断もできないと思っています。そこは公平・公正なルールを作って、とにかく民間企業が活動しやすくなる一般的な環境を整えていく。減税策などは典型ですね。その上で、どんな産業、企業であろうと民間の判断でここで儲けることができる！　と思ったところに来てもらう。官は環境を整えるまでで、特定産業や特定企業の育成には手を突っ込まない。これが僕の基本方針であり、マーケットを重視する政治の方向性です。

大阪の市営地下鉄の民営化もその流れの一環です。当初は「民営化して何が変わるんだ！」と批判ばかりだった。ところが、二〇一八年に民営化して大阪メトロになると、一期目の決算で営業利益が一一パーセント増になりました。組織内での改革が効いたようです。忙しい部門に人員を増やして残業代を減らすとか、部品調達のコストカットを行ったとか、まさに民間の経営判断の結果です。こんな実務的なことを役所がやるのはなかなか難しい。そして民営化された大阪メトロからは税金が入ってくるし、大阪市は株主だから配当金も入ってくる、これがなんと百億円単位ですよ。市営地下鉄のときには納税は0だし、配当などもなかった。

三浦　すごい額ですよね。日本の公務員の問題は、やはり中央官庁が強すぎることですね。霞が関のごく少数の中央官庁の公務員に巨大な権限が集中している。国際的に比較すると、日本は公務員の数が少ないんです。これは東京大学の前田健太郎さんの研究で、日本が経済発展の早い段階で行政改革を開始して、公務員の増加に歯止めをかけたためだと説明されているんですけどね。統計不正問題だって結局は行革の流れの中で人員が不足して起きたことです。

高齢化していく中で、人びとの福祉に関わるような地方の現場に近い公務員はもっと雇ってもいいと私は思います。前田さんは日本で女性の社会進出が遅れた一因には、男女差別を超えて積極的に女性を登用できるはずの公務員の人数が限られていたからだという説も唱えているんですよ。米国では人種間格差を解消するためにも、男女格差を埋めるためにも、やはり公務員の雇用が大きな役割を果たしてきたからでしょう。

橋下　確かに日本の公務員は総数で見ると少ないところもありますが、まず給料はかなり高い。正確に言えば、役職に見合わない高い給料をもらっている人が多い。さらに現場で見ると、そんな現場にそこまで人員は要らないだろ、というところも多いし、逆に、人員が少なすぎる現場も確かにあります。三浦さんはどういった公務員を増やすべきだと考えていますか？

三浦　現場でニーズのあるスペシャリストですね。さっき挙がった児童相談所の弁護士は必要だと思いますし、社会福祉主事や臨床心理療法士も足りていないでしょう。統計の専門家も重要ですね。国土管理保全の観点からは森林や動物のスペシャリストも必要でしょう。回転ドア方式にして、様々な専門家が年限を区切って官庁に雇われることも大事だと思います。今も細々とは行われていますが、もっと大々的に行うべきですね。今後、超高齢化社会に対応するうえで、現場での行政による支援と、医療と介護の連携はますます必要になってきます。そうした連携にノウハウを蓄積し、各自治体が責任をもって高齢住民のケアをしていけるように、専門家の指導を仰ぐべきですね。きめ細やかに見ていけば、単に背広をきた公務員ではない、いろいろなタイプの職種が必要とされています。

公務員の問題点は、ジェネラリストが多すぎること。すぐに異動していって責任を持たないで済む一方、自分はなんでも分かっているという自信があるから、大して詳しくない分野にも口を出してくる。裁量だけはあるから、現場が混乱するんですよ。

橋下 そして人員配置を適切に行うためには、巨大組織の中央集権的な人事管理ではできません。分権的、自律的な組織における人事管理でなければなりません。一部の人間が現場の状況を全て把握するなど不可能ですし、人の配置は財源と常にワンセットですので財源の責任を持たせなければ無尽蔵に人を要求することになりますから。そういう意味でも僕は地方分権を強く主張してきました。

大阪を例に取るなら、あらゆる権限を持った巨大な大阪市役所を、四つから五つの特別区役所に再編して各区役所が分権的・自律的マネジメントができるような大阪都構想を主張してきたのです。

嫉妬は政治の熱になる

三浦 さて、改革を進めるうえで障害となる問題と、それをいかに打破すべきかについて少し話しましょうか。まずは政治手法について。

橋下さんが大阪で公務員改革を進めたときに大きな追い風となったのは、府民の嫉妬と怒りの力学だったのではないか、ということです。「あいつらだけうまいことやりやがって」という公務員や既得権者への嫉妬心を上手く使って人々を動かして行ったのが橋下さんの改革だった。それはね、多くの知識人の不安を煽った点でもあったと思いますよ。

橋下　「政治には熱量が必要だ」という話をしましたが、有権者の怒りが一番、政治の熱を生むんです。この熱を使わない手はないでしょう。トランプ批判をする人は「怒りをかき立てる政治はダメだ」なんていうけれど、民主政治の世界において、組織や金のない者がゼロから民意を引きつけて権力を獲るということは、有権者の怒りをすくう方法も必要です。コメンテーターや評論家ならきれいごとを言っていても仕事になりますが、実際に政治をやって自分が考えていることを実行しようと思えば、まずは権力を獲らないと何もできません。三浦さんは怒りを政治の熱に転化することを認めない立場なんですか？

三浦　よくないことではあるけれど、それをあえて分かったうえで政治のプラグマティズムとして、その危険性を自覚しながら適切に使うべきという立場ですね。私は自分の子供を守り育て、自分の人生を充実させ、自分と同じように他人の幸せを願って生きることに心を砕いていきたいから。愛がみえない政治家には、結局は限界があるんです。

橋下　三浦さんは安全保障ではリアリズムに徹するのに、人間の嫉妬や怒りというもののリアリズムは受け止め切れていない？（笑）　僕は嫉妬や怒りは人間の本質だと思う。そして、世の中では嫉妬に苦しみ、怒りをきちんと整理できない人たちが圧倒的多数ですよ。そして、その嫉妬や怒りは「政治の熱」に変化することがある。それが世の中を変えていく爆発的な力になると僕は思っています。

三浦　それは良く分かりますよ。ただ、その手法には危うさもある、ということ。極端にいえば、左派ポピュリズムで中国の文化大革命の時のように暴走する危険性がある。怒りや嫉妬を利用して改革を進めたときに、常に気を付けなければいけないのは、どうやってそれを制御し解消していくか、ということです。動員を目的とするのではなく、動員の結果としての正しい政策を実行するためにだけ、用いるということ。動員が自己目的化すると、ソ連になりますね。

もちろん、右派ポピュリズムも良くないですよ。この場合は多数派の既得権を守ろうという運動になって、文化的な反動と抑圧が高まったり、外国人や少数派に対する排斥感情が横溢することになる。そうではなくて、未来志向の改革のために用い、手段が自己目的化しなければ程度問題においてはいいという意味です。

橋下　確かに暴走の危険もあります。その暴走の危険を止める仕組みが選挙なんじゃないですかね。中国の文化大革命も選挙があれば止まっていた可能性は非常に大きい。暴走する政治を、内戦もなく簡単に止めることができるのが選挙。そこで政治の暴走を食い止めることができなければある意味、有権者の責任です。このように選挙ってほんと凄いものなのに、平和な時にはその凄さを感じない。ゆえに選挙というものを軽く扱うインテリも多いですね。トランプ政治について暴走だ！　と批判する日本人は多いですが、最後はアメリカ人がどう判断するかです。最近、トランプの支持率が伸びてきて、五〇パーセントを超えるのも時間の問題だとも言われていますよね。

三浦　うん。ただ、それを救っているのは民主主義や選挙の力だけではないと思うんですよ。むしろリーダーの個人的属性が重要になってくる。橋下さんは確かに人々の嫉妬や怒りを掻き立てた。ただ一方で、橋下さんの政治にはフェアネス（公平さ）に根差した正義感が根幹にあったと思うんです。病院学級の例に端的にあらわれているように、教育改革においても根底には、非常に恵まれない環境に生まれた子供にも公平に機会を与えるべきだという思いがある。橋下さんの唱える競争原理は誤解されやすいのですが、それは機会の平等の追求でもある。私は、それをお会いする前からかなり早期に感じていましたね。民放の番組でも共演したでしょう、そのときに私たちは教育問題や子供のいじめなどでなぜかいつも同じ立場でしたよね。それが口の悪い強面《こわもて》の橋下徹（笑）と、割と逆の私の接点だったような気がします。

橋下　なるほどね（笑）。ここはよく勘違いされるんだけど、僕は完全な弱肉強食の世界を作ることには大反対なんですよ。たとえば中国経済における強烈な自由競争は経済を成長させる原動力になっていますが、他方弱者の切り捨てにもなっている。僕はチャンスは皆に公平に与えた上で、徹底的な競争を促す。その上で、弱者になってしまった者をサポートする。これが基本的な政治の方向性でした。

そして政治は常に動いています。ここが抽象的な観念論とは違うところですね。当初は弱者への保護だったものが、それがいき過ぎると、かえって強者になってしまい、いつの間にか既得権益になっている。

三浦　業界団体の多くは、最初は弱者が集まって身を守るためのものだったのに、やがて新規参入というさらなる弱者を追い払う側になってしまっている。以前、私はこの構造を政治イデオロギーの世界において指摘し、「弱者認識の奪い合い」という表現をしたんです。みんなが弱者を主張して、結局は強者になってしまっている世界のことを言いたかったんですけどね。ただし、その外に光が当てられないもっと弱い弱者がいたりする。みんなに機会を、というのが本来の理想のはずですね。

橋下　そうなんです。だから、そこをまた改革して競争を促し、そこで生じる弱者をサポートする。強者、弱者というものを固定化させない。常に流動化させるというのも、雇用の流動化の話と同じですね。

競争を重視すると言うと、今は非常に評判が悪い。新自由主義！　なんてレッテルを貼られますから。しかし競争を否定すると弱者が固定化されることにも繋がるということを考えて欲しいですね。チャンスが生まれないんです。チャンスを生むということは、弱者と強者をどんどん入れ替えるということであり、それが僕が考えるところの競争の目的です。「今の農家」を守るためにTPP（環太平洋パートナーシップ協定）に反対していた人が多かった。確かにTPPを推進すると弱い農家は廃業するでしょう。もちろんその農家へのサポートは必要ですが、より重要なことは強いアイデア豊富な企業が農業に参入することです。そうすると、農業の場が、若者たちにとっての魅力ある職場になり、チャンスが生まれるのです。今、競争が悪評判なのは、強者の論理になっているからでしょう。そことをチャンスを平等に与え、弱者を固定化させないための競争という方向性に変えることができるかどうか。野党にはそのような政治を打ち出してもらいたいですね。

自民党政治は、現在の利益を守り、官による需給調整を重視し、マーケットをあまり信用しない。競争は避け、流動化というものを望まない、落ち着いた静かな政治。こんな方向性が見えてきます。そうであればもう一つの政治の方向性は、将来の利益を考え、チャンスを公平に与えることを重視し、官による需給調整を排してマーケットを重視する。弱者を固定化しないための競争を重視し、流動化を促す。競争に敗れた弱者を徹底して支援するが、それが固定化したり強者に変わってきたりした場合にはさらに改革する。まさにドタバタしながら動く政治というものが見えてきますね。

第三章　外交・安全保障　日本の進む道

ルールを守る国になる

橋下　では次に外交・安全保障をみていきましょう。外交・安全保障の政治の大きな方向性について、まず僕の大ざっぱな整理を示します。

日本の外交・安全保障論の主流中の主流は、もちろん日米同盟堅持派ですね。これは現実の国際関係からいっても合理的な判断でしょう。それに対して、違う道としてこれまでは二つの方向性があったと思います。

まず、日本の経済力と軍事力をとにかく強化していって、最終的には日本単独で安全保障を確立すると言う自主独立防衛路線。第二は、世界政府の樹立を目指し、個々の国々の軍事力はなくしていって、安全保障は世界政府が担うという考え方です。いわゆる憲法9条護憲派の人たちの安全保障論ですね。インテリたちは、前者を右、後者を左とよく称しますね。

しかし、日米同盟を無視したこの二つの方向性は、現実的にはどちらもうまくいかないと思います。これらは頭の中での抽象論、観念論の話でしょう。まだ存在もしない、そして将来にわたっても実現可能性の低い世界政府を持ち出して、非武装の平和国家を論じるのは、あまりに能天気な、現実逃避の無責任な議論です。

だからといって日本の国力を考えたときに、経済力にしても軍事力にしても、アメリカや中国のような超大国になることは現実的に不可能です。もちろん必要な力を持つことは必要だけれども、超大国のような自主独立防衛路線を選ぶことは不可能だと悟ることも重要です。そんな中で、経済力や軍事力とは違ったところで、日本の力を誇示できる領域はどこか。それは日本はルールを守る国であるという看板を高く掲げ、ルールを武器にすることだと思います。これが外交安全保障の大きな方向性の一つになると思います。

ルールというものは、本来、弱者にとって武器になるものですが、それはルール違反者に対してきちんと制裁が加えられる場合です。残念なことですが、今の国際ルールは、超大国がルール違反を犯しても実効的な制裁が加えられません。そういう状況では、自分たちはルールを遵守するんだという鉄壁の姿勢が唯一、超大国に対してもルール遵守を突き付ける力となります。世界を見回しても、日本ほどルールを遵守するマインドが確立された国はないでしょう。

だからこそ日本はルールを武器にできる。相手国、特に大国に無理難題を言われても、ルールによってそれをはねつける。相手がルールを破ってきたときには、ルール遵守を強く求め、それでも従わない場合には、こちらもルールを逸脱して報復合戦に突入するのではなく、あくまでもルールに基づいて対応する。もちろん、こちらの主張は論理的にガンガン発信しなければなりませんよ。黙っていてはだめです。その際、ルールを武器にするときの注意点は、それに従えば自分に不利になるようなときでもそのルールに従う、という徹底した姿勢です。自分が不利になるようなときにはルールに従わないという姿勢をひとたび見せれば、相手国も同じようにルール無視をしてくるでしょう。だから、どんなときでもルールを守るという固い信念が必要なんです。

しかし最近の日本には、自分たちに不利になるようなルールには従わないという姿勢がちらほら見えるのが心配です。南極海での調査捕鯨に関して国際司法裁判所によって敗訴判決を受けたので、それを不服として国際捕鯨委員会（ＩＷＣ）から脱退したのに、他方、中国の南シナ海における力ずくの支配について、それを無効とした常設仲裁裁判所の判決を振りかざして中国にその遵守を迫る。中国に判決遵守を本気で迫るなら、日本も負けた判決に従う覚悟が必要です。日本にその覚悟がないなら、他国に判決遵守、法の支配を迫ってもそれはポーズだけで、まったく効果がないことを認識すべきです。

さらに中国が負けたこの判決では、台湾が実効支配しているスプラトリー諸島の太平島《たいへいとう》は「島」ではなく「岩」だとして排他的経済水域を認めなかったのですが、沖ノ鳥島にその判決があてはめられると日本にとって不利になる。だから日本は、判決のその部分は認めない。でもこれだと中国が負けた判決がそもそもおかしいと言っているようなものじゃないですか。こういうときには、判決は全面的に認めた上で、「もし日本の沖ノ鳥島が岩だと考えている国があるなら、国際司法裁判所で白黒つけましょう！」というメッセージを出すべきなんです。日本は常に、ルールに従うよ、という姿勢の徹底です。

実は外交に選択肢はない？

三浦　私は、二十一世紀のいまの世界を見ていると、日本が選び取れる外交的な選択肢はほとんど狭い範囲にしか存在しないと考えています。最初に言われた、日米同盟をベースにしながら、アメリカが主導する国際秩序をまともに機能させる以外には、ほとんど現実性はないでしょう。

いま起きている事態は、特にアジアにおいては、アメリカが主導する秩序と、中国が主導する新しい世界秩序のせめぎあいです。では、アメリカでもない中国でもない国際秩序、第三の道は存在するのか？　存在しないんですね。

一九九〇年代に冷戦が終わったのち、さまざまな学者が、国際社会には自律的な秩序、

「リベラルな国際秩序」（ＬＩＯ）があると主張し始めました。そこにあるのは、戦後、アメリカが主導的に整備してきた国際的な諸制度や国際法の蓄積は、すでに各国によって選び取られ内面化されているという考え方です。アメリカが力でもって各国に押し付けなくとも、自由貿易をはじめとした国際的な協調を続ける動機があるということですね。

アメリカが帝国のように力による支配をするのではなくて、各国と協調しながらリーダーシップを発揮することで、世界もアメリカも繁栄する、というのが発想です。私が橋下さんが「国際ルールを守る公正な国」と言われるのを聞いて、まず思い浮かべたのが、この「リベラルな国際秩序」論なんです。

ところが、一九九一年の湾岸戦争から四半世紀経ち、アメリカのなかでこの「リベラルな国際秩序」が続くという見通しは次第に説得力を失っていった。それを端的にあらわしているのが、二〇一六年の大統領選挙でトランプが勝利したことですね。

冷戦後のアメリカ大統領は、アメリカ自身の短期的な国益に直結しないものも含めて、「世界の警察」を自任して紛争介入を行いました。そうした紛争介入や、イラク戦争を通じたイラクの民主化は、まるでアメリカの安全と繁栄に繋がらなかったじゃないかというのがトランプの主張でした。いわば、余計なお世話ばかりしているうちに自らの国益を見失ったというのが、彼の問題意識にありました。そして、「アメリカ・ファースト」という、「リベラルな国際秩序」とは正反対の概念を打ち出したのです。これは四半世紀続いた「冷戦後」の一時代を転換させるようなアメリカの国益の再定義だったと思います。

実際、トランプ大統領による外交安保戦略の再定義には歴史的必然性があります。例えば、自由貿易を例にとって考えてみましょう。

これまでアメリカは圧倒的な工業力で、自由貿易秩序を主導してきました。世界中の市場を開かせることが、工業力と経済力で勝るアメリカが一番得をする道だったからです。その秩序の下で、敗戦国日本や西ドイツは、アメリカの庇護を享けながら経済発展することができたのです。自由にアメリカ市場にアクセスを許され、そして安全を提供されたことは、私たち日本にとってすさまじい意味合いを持っていたわけです。戦前の大日本帝国は自力で経済圏を築こうとし、安全保障において高いコストを払った挙句、自ら突入した不合理な戦争で敗北したわけですから。

ところが二十一世紀に入り、中国が台頭して、アメリカの工業生産力、経済力が世界一であり続ける保証はなくなりました。そうすると、このまま自由主義を続けることが本当にアメリカの国益にかなうのか、見直しが必要ではないか、と考えられるようになった。

アメリカは常に自らの国益に従ってきたのであり、別に「リベラルな国際秩序」なるものが存在したわけではないという見方をとってみたらどうだろうか。そうするとトランプ流「アメリカ・ファースト」は確かに視野が狭いけれど、時代の流れ、方向性として当然予測される考え方なのです。

トランプ外交がTPPのような多国間での合意形成を嫌い、FTA（自由貿易協定）などの二国間交渉を好むのは、一対一ならば、まだアメリカに強みがあるからですね。また韓国や日本にも防衛負担の増大を求めていますが、NATOに対しては五条適用（アメリカが集団的自衛権を行使してNATO諸国を防衛すること）は条件次第という発言が出てくるようになった。「応分の防衛負担をすること」「貿易でアメリカを儲けさせること」が条件として出されるようになってきたのですね。

アメリカではなく中国を選ぶことはできない

橋下　それは、ルールを武器にする余地はなく、アメリカにべったり追随するか、中国に追随するしかないということ？

三浦　ルールを武器にすることはできますが、独自外交の余地を創出するためには、アメリカへの過度の依存を弱める必要があります。同盟の否定ではなく、対米脆弱性の穴を埋めるということです。それに中国追随は無理です。実際には、中国を選ぶという選択肢を唱える政治勢力は、日本にはほぼ皆無です。意識調査の結果をみても、中国に対する好感度は一割程度しかない。さまざまなトラブルを抱えている韓国でも二割程度あるのに。政治家としては、中国に接近しようという態度を示すことはマイナスでしかないのが現状です。ちなみに韓国での日本の好感度は三割を超えていて、中国（二五パーセント）よりも上なんです。おそらくそのきっかけになったのは中国による圧力だったと思います。二〇一七年、在韓米軍が最新鋭迎撃システム「ＴＨＡＡＤ（サード）」を配備したのに対し、中国が反発して韓国への団体観光客を絞って外交的圧力をかけた。韓国はその結果、アメリカのミサイル防衛に入らない、日米韓三国同盟には発展させない、ＴＨＡＡＤを追加配備しないという国辱的な三不政策を宣言させられた。韓国は中国なしにはやっていけないけれど、だからといって中国と同盟を組むことができるわけではない。対中好感度は下がっています。中国が重要だからといって中国とは組めないという構造は、日本においてさらに顕著ですよね。

なぜ日本が中国と組めないのかは、世論の支持がないからというだけではありません。

先ほど、「中国の主導する秩序」と言いましたが、これはアメリカが主導する秩序とは本質的に異なるものです。実際に中国が国際社会でやっていることをみると、その場の状況で自己の利益を最大化しようとする以外の方向性はみてとれません。つまり「秩序」意識はほとんどないといえます。そして、中国の異質な経済が国境を越えて広がることの負の影響は見過ごせません。

おそらくチャイナ・スタンダードがアジアにおいて主流になれば、賄賂が横行したり、契約違反や不正も日常茶飯事となり、完全に無秩序な資本主義へと劣化する危険性をはらんでいます。日本企業が慣れ親しんできた商慣習は完全に変わってしまう。中国の無秩序さは、ある意味でビジネスにとって魅力的なところもあります。中国がこれほど成長している理由の一つには、先進国の古い経済と比べると競争が激しいからということが挙げられるでしょう。中国はある意味で、むき出しの資本主義の競争が機能している国でもあります。先進国では、さまざまなルールや規制が介在して既存のアクターが有利な状況が作り出されています。それゆえに切磋琢磨が進まないところがあるわけです。利益を最大化しようとする人たちは、中国に魅力を感じて当然です。

橋下　競争が激しいという部分が中国を成長させている重要な要素なんだろうけど、ルールを守らないのは完全に論外ですね。繰り返しになりますが、単純な弱肉強食の世界は国民を不幸にする。その意味では、「ルールを守る国」という看板はチャイナ・スタンダードへの抵抗の武器にもなるはずです。

三浦　そうですね。だから現実問題として、日本にはアメリカ主導の世界しか選びようがないのですが、そこで考えておかなければならないのは、アメリカの優位は日本人の多くが考えているほど長くは続かないだろうということです。たとえば東南アジアでは、中国主導の秩序が浸透してきている。これを覆すことは難しいでしょう。日本はアジアの秩序形成に貢献し、投資し、プロジェクトベースの協力を行っていかないと今よりももっと苦しい立場に置かれますが、その努力を行ったうえでも中国の影響をおしとどめることは無理でしょう。

では、究極的にはどうしたらいいのか。アメリカをアジアに引き入れ続け、アジアに主体的に関与し続けることに加え、日本人が目指すべきなのは、この国のいまの状態をいい意味で「続ける」ことです。国内の秩序、治安、生活の質、そこそこの価格でかなりよいサービスが受けられる点などは、他の先進国と比べても大きな優位性といえるでしょう。これからの日本にとって、その安定性が国際的に大きなセールスポイントになる。日本社会の安定性を選んで移住してきたり、働いたり投資をしてくれるような外国人を増やすことが大事になってきます。

今後、最大のリスク要因はやはり米中貿易戦争の行き着く先です。ファーウェイの締め出しで済むだろうかという問題がある。米中には双方の政権に妥結するインセンティブがあります。そのため私はまだ楽観的ですが、アメリカが本気で中国の国力を削ぎに行ったときには、日本は中国マーケットや中国が独自に開拓していく経済圏から締め出される可能性がある。日本にとって、アメリカと中国どちらを選ぶのか二択を迫られることは国益ではありません。しかも、アメリカは世界中に張り巡らされた同盟国ネットワークの成熟した市場を押さえていることが、中国と競争するうえで最大の強みである。つまり、日本は米中の競争でアメリカにレバレッジ（てこ）として使われるということです。それによるメリットがないわけではありませんが、個人としても国家としても資源、投資を分散させておくことが重要ですね。

橋下　三浦さんが言うように、世界秩序はアメリカ型、中国型の二つの方向性の綱引きになっていくと僕も思います。そして、特にアジアではアメリカ型が必ずしも長くは続かず、日本が日本のよさをさらに追求していくべきということにも異議はありません。三浦さんが言うように、真にリベラルな国際秩序などが形成されることも難しいでしょう。ただそんな中でも、日本は何を武器にできるか、というところが僕の問題意識です。実際の国際社会の状況とは別に、日本が使える武器を模索しています。日本のいまのよさを続けるというのは、主体的な外交的意思ではありませんから。

さらに僕のみるところ、日本の政治家やメディアはこうした日本の状況を客観的に受け入れているようで、どこかズレている。日本に世界の秩序を作る側、つまりルールメーカーになることを求めたり、軍事大国の夢を捨て切れなかったり、非現実的な軍事力の放棄を唱えたりしている。軍事的にも経済的にも大国になれない日本、これから少子高齢化に悩まされる日本が、外交的に何を武器にできるかと言えば、それはルールしかありません。

外交は勝つことがすべて

三浦　橋下さんが言われる「ルールを守る国」は、国際社会に対応するときの態度の問題ですよね。私は、外交というものは最後は勝つことが必要だと思います。「日本はこんな風に、ルールにのっとって客観的に判断しています」と主張して事態が好転する場合もありますが、勝てなければいくらルールの尊重を言っても結果を出せない。それがリアリズムです。日本はこれまで、かなりこの点はナイーブな外交を展開してきたと思うんですよ。それが日本のいい所でもある。しかし、「ルールを守る国」に加えた何らかの戦略性が必要だと思います。

橋下 ただ、「アメリカ主導の世界に乗っからざるを得ないが、それも長くは続かない。だから今の日本のよさを続けていくしかない」という三浦さんの考えにも、日本の外交的な主体性がなく、時の流れに身を任せるようなもので、勝てる見込みがありません。三浦さんの言う日本のよさを追求するということは当然のことです。それに加えて「ルール遵守」という武器をなんとか磨いていこうとする方が、政治的選択としてはよりましだと思います。何もない中で何とか使える武器を探し出し、非力かもしれないけど、その武器を最大限に有効活用するためにはどうしたらいいかと考えるのが政治家の視点です。理想の武器を頭の中で描くのではなく、現実に使える武器を最大限に活用するというリアリズムです。

三浦 それはその通りです。社会で国際法に関する議論をしようとすると、ともすれば「国際法があれば、平和になって秩序は守られる」と考える国際法万能主義者と、「国際法なんて何一つ意味がない」と考える国際法懐疑主義者の二極対立になってしまいがちです。

戦前の日本は、国際法を守る優等生から、国際法を踏みにじっても構わないと考える落第生に急転換しました。でも、本当に必要なのは国際法に対する適度な信頼であり、リアリズムで国際法を上手く使うことです。

国際法は、たいていの場合にたいていの人によって守られていることが大事なんだという言い方があります。たまに起こる国際法が破られた事例を見て「国際法には意味がない」と考えるのは違うと。

孤立主義は可能なのか

三浦　もうひとつ理屈の上では、アメリカも中国も選ばない孤立主義という選択があります。これは事実上不可能ですし、仮に取ってしまった場合のリスクやコストは甚大です。しかし、最近懸念していることとして、野党の一部に、そして日本人のどこかに、誰からも口を出されない孤立を選びたいというムードがあるのではないかと思うのです。

橋下　さすがに信念として、どの野党もそこまでの孤立は考えていないでしょう。安倍政権のやることなすことに全て反対するものだから、政権のアメリカとの関係も、中国との関係も全否定してしまい、それが孤立主義に映っているのだと思います。

三浦　だといいんですけどね。ここで私の主宰するシンクタンク山猫総研調べの興味深いデータ（日中韓大型意識調査）があるので、紹介しましょう。二千人規模で二十代から六十代までを対象にした調査ですが、安全保障について、「北朝鮮の核問題が注目を集めていますが、今後日本は核に関してどのような政策をとるべきでしょうか」という設問を置きました。選択肢1が「アメリカの核の傘から抜け出して非核を貫く」。実に二五パーセントの人がこれを選択するのです。おそらく、回答者に七十代を加えるともっと多くなると予想されます。

橋下　この二五パーセントはいわゆる憲法9条護憲派、軍事力放棄派、核兵器反対派ということですよね。

三浦　ええ、護憲派の非核論者です。そこには米国に対する懐疑も介在しているでしょうね。日本が独自に重武装すべきだという反米主義者なのではなくて、ほぼ丸腰でアメリカとの安保体制から離脱した方がいいと考えているわけです。他の選択肢はこうです。

・アメリカの核の傘を維持する　二五パーセント
・アメリカの核を日本国内に配備し、日米共同で管理する　一一パーセント
・日本独自で核武装する　八パーセント

・良く知らない／わからない　　　　　　　　　　　三一パーセント

丸腰での日米安保離脱を選んだ人が、現実的な安保堅持とほぼ同数存在する。どうですか。実感より多いと思いませんか。

これは、日本人のなかに孤立主義への誘惑が潜在していることのあらわれではないかと思うのです。日本人にはいまも原爆を落とされたという被害感情がありますね。現状はアメリカの核の傘の下で安全を得ているんだけれども、それを否定したいという誘因がどこかで働いている。これは長期的な非核化を目指すこととはまた別のことですよ。この〝現実には存在しない選択肢〟の危険性はきちんと指摘しておきたい。つまり、自分たちは本音では日米同盟をやめる気は毛頭なかったのに、いろいろ文句を言っていたら、結果として他に選択肢がなくなり、孤立主義を選ばされてしまいました、という悪夢もありえる。

橋下　それは最悪。自分たちの確たる信念、意図で日米同盟放棄を選択したんじゃないですからね。

三浦　現に第二次世界大戦では、陸海軍もふくめ、日本の大多数がアメリカとの戦争など考えてもいなかったのに、アメリカとの開戦を「選ばされてしまった」わけです。さらにいえば、アメリカの秩序を否定して孤立主義を選ぼうとして、結局はそれも出来ずに、中国主導の秩序の傘下に収まらざるを得なくなるという、誰も望んでいない選択をしてしまう可能性もありうる。

安全保障は選挙の争点になるのか

橋下　僕はこの調査の回答者たちの熱量を知りたいな。軍事力や核兵器に反対して、アメリカの核の傘から脱したいと回答しても、だからと言って本気で日米同盟を脱したいと強く思っているかは別。何となくの見解と、本気で政治的に実現しようとする意思はまったく熱量が違いますが、巷の世論調査では、そこが平面的にごちゃまぜになって数字に表れてしまう。日本の有権者は賢明で、アメリカの核の傘からの自立を何となくの遠い願望としては持っていていても、いざ日米同盟を止めますか、と突き付けられたら、現実的な判断をすると思いますよ。世論調査では、その見解・政策をどこまで本気で実行したいと思っているのかという熱量が分かりません。

僕が政治家をやっていたときの実感だと、理論的・学術的には安全保障政策についてはは色々な対立軸が設定されるのだろうけど、それは選挙ではあまり影響しないと思っています。つまり有権者の熱量は小さく安全保障政策を前面に出しても票にはならない。

三浦　実は、そこはこのデータ分析の面白いところなんです。政界でよく言われること、「安保は票にならない」とか「衆参同日選挙は与党が勝つ」などというのは、実は誰も検証したことがなくて、まさに個人的な実感で言っているだけなんです。

でも実際に投票行動や政党支持と照らし合わせてみると、安全保障に対する意識はかなり強く影響しているんですよ。政党支持を分断する主要な論点となっているということですね。実は、無党派層を見てもそうなんです。にもかかわらず、橋下さんが言われたように、安全保障が選挙での大きな争点になったことはほとんどありません。日米安保・核体制離脱派がおよそ三〇パーセントいたとしましょう。彼らは選択肢がある限りにおいて、現実的な日米安保堅持派には投票しません。逆にいうと、この層だけをターゲットにする政党は三〇パーセントが上限となって、与党にはなれないということになります。

これまでの結果で見ても、最大野党は与党とそう変わらない外交政策を出してくることが多い。タイミング論とかで微修正をかけてくるわけですね。顕著なのが、対北朝鮮政策です。国会の質問ではいろいろ批判するが、結果的に選挙の論点としては大きな違いを打ち出すことができない。政権を狙ううえで、あまりに冒険的な外交・安保政策をとると、岩盤支持層以外の支持が得られないからなんですね。

民主党が政権を奪取した二〇〇九年の衆院選では、彼らが実に幅広い期待を集めたことが特徴的でした。共産党が接戦選挙区で候補を下したこともあり、日米安保離脱派も彼らに多く投票した一方で、民主党自体はかなり現実的な路線をとっていたのです。ただし、これは時限的にしか実現しない構造です。安保をめぐる態度よりも経済改革などの方が大事だと思わない限り、この幅広い連合は可能とならない。実際、鳩山政権が沖縄の米軍基地をめぐって最低でも県外と発言したあとに方針を翻したことで、外交政策での失点が民主党政権の正統性を傷つけます。安全保障をめぐる論点は世の中で思われているよりも大事なんです。だから、民主党は割れざるを得なかったという言い方もできる。

いささか乱暴な話をすると、絶対護憲派の三〇パーセントを除いた、残り七〇パーセントの票をめぐる戦いは将来どのようなものになるかを考える必要があるんです。政権を取るには国民の五〇パーセントの支持を得る必要はなくて、三五パーセント＋一票を集めたほうが勝つ。

橋下　絶対護憲派、すなわち共産党的主張を採る限り、政権は獲れないよ、という意味ですね。ただし、それを除いた日米同盟堅持派の票の分捕り合戦では、安保政策によって強烈な民意を引きつけるのは難しいと思います。

三浦　その通りです。ただ、安保政策の主張を「間違えない」必要があるという意味において、重要なんです。しばしば野党が大連合を組めば政権交代ができるのではないか、というので、共産党まで含めた共闘が構想されますが、それを阻んでいるのが、この安保政策の壁なんです。二〇〇九年は政権交代のための政権交代だった。国民の多くが民主党政権を試してみよう、と考える中で実現した水面下での共産党との協力だったわけです。

本来、外交安保政策においては、「政争は水際まで」という歯止めが必要だというのが一般的な考え方です。つまり国内政治でいくら争っていても、外国との交渉の場などには持ち込まないという暗黙のルールが存在する。

なぜこういう原則が必要かというと、国益に反した行動が取られたり、外国勢力による干渉の温床となってしまうからです。政情が不安定な発展途上国ではしばしば、政争に勝つために外国を引き込もうとする勢力が現れますね。するとこれを口実に、外国の軍が内戦に介入し、内政干渉を招いてしまう。それは止めましょうということ。アメリカが介入したベトナム戦争だって基本的にはそういう構造があったわけです。

橋下　日本の有権者は賢明で、その多くは現実的だと思います。どれだけ政治家が威勢のいいことを言っても、大国でもない日本が世界のルールメーカーになれないことをよく分かっている。憲法とか国際情勢とか詳しくはわからなくても、日米安保を破棄することはまずいだろうとはわかっている。だから政治家が外交・安全保障で突飛なことを言っても、支持されないでしょう。これは根拠なき安心なのかもしれませんけどね。まあそういう意味では、日米安保の堅持に加えて、「ルール遵守」の「姿勢」を示すことは多くの有権者から支持を得られると思っています。

三浦 ただ、より自立方向での同盟堅持というかたちで自主性を打ち出す必要があるでしょうね。「ルール遵守」を主張する裏付けとしての自主・主体性です。安全保障に関しては、日本には日米安保堅持以外の選択肢は、事実上、存在しないと思います。孤立路線にせよ、中国依存路線にせよ、その道は国民を不幸にするものでしかない。すごく貧しくなるし、安全保障は著しく不安定になります。

すでに日本の自衛隊は、米軍と運用面では相互に連携し、技術的に組み込まれた存在になっています。軍事技術はもとより、情報共有や指揮系統の連携も進んでいる。そのうえで、さらにオーストラリアやインドやイギリスなどの価値観をある程度共有している国とも連携を強める。その場合でも、現在よりもっと防衛費にお金を割かなければいけないでしょうし、独自の情報を取ってこれるように情報機関も作らなければならない。やるべき課題はかなり以前からほとんど出そろっているわけです。

〝雄叫び派〟か〝腹黒派〟か

橋下　日米同盟の話を離れて、今の日本の政治家の外交姿勢一般を見ると〝雄叫《おたけ》び派〟が多すぎると思う。とにかく威勢のいいことをワンワン言うだけで、課題を解決しようとする知恵と工夫がまったくない。特にネットの中では、威勢のイイ発言は拍手喝采になりますからね。雄叫び派の政治家は、与野党問わず超党派でかなりの数、存在しますね。彼ら彼女らは、何年も叫び続けるだけで、事態は何も動かせないというのが特徴です。パフォーマンスというかファッションというか、「相手に強い姿勢で臨んでいるぞ！」とポーズをとるだけ。本気で事態を動かして、問題を解決しようという覚悟はありません。もう一方は、とにかく世界から良く思われたいだけで、自己主張はなく、儀礼的なきれいごとばかりの〝きれいごと派〟。こちらも課題は何も解決できません。インテリとして評価されることに至福の喜びを感じるのが特徴です。こちらも与野党を超えてかなりの数、存在し、さらにインテリたちにはウケがいい。

三浦　その二つは、外交姿勢というより、ほとんど鎖国マインドの〝引きこもり派〟ですね。

橋下　だから僕はもう一つの方向性として、〝腹黒派〟で行くべきだと考えています。知恵と工夫と、それからちょっとずる賢さも加えて立ち回る。たとえばＯＤＡなども、表向きは支援なんだけど、現地ではきっちりと恩着せがましく、日本が支援していることを強烈にアピールする。親善交流といいながら、商売をしっかりと行って実利を得る、などね。

三浦　なるほど（笑）。腹黒派ね。橋下さんらしい表現ですね。おそらく参考になるのは、京都大学の中西寛さんが以前書いていらっしゃいましたが、「偽善」の有効性という概念です。つまり、一方では秩序の概念や、自由、主権の平等性などの理念を掲げつつ、もう一方では自国の利益を最大化することに腐心するわけです。

口ではきれいごとを言って見せて、時にはメチャクチャ恩着せがましく、しかも狡猾にやるというのが、本来の先進国がとってきたやり方でした。ここで重要なのは、偽善であっても善に対する共通理解があるという状態ですね。腹黒さは必要ですが、偽善を捨てると善まで捨ててしまうことになりかねない。

日本という国のブランド戦略をどうしたらよいか。アメリカや中国といった超大国ではない、いわば普通の国には不可欠な戦略です。たとえばもっと小国のノルウェーやスウェーデンなどでは議論を重ねて、自分たちはこういう国として世界の人たちに見られたいという明確なビジョンを作り上げている。ＰＫＯ派遣に熱心なのも、そのビジョンを達成するための手段のひとつなんですね。これは日本も真似をしてＰＫＯをやるべきという話ではなく、日本もしっかりしたブランディング戦略に基づいて、国際社会にアピールしていくべきだということです。

橋下　そう。だから僕は、ルール遵守が日本のブランドになると思う。自分が不利なことでも馬鹿正直にしっかりとルールを守る。国際社会では不利なことには従わないということが横行しているからこそ、そういう馬鹿正直な姿勢は世界の中でも特徴付けられると思う。ブランディングというのは差別化、区別化が核だからね。

そしてブランディングは、腹黒派で上手にやらなければなりません。きれいごとではなく、日本の武器にしてやろうというファイトが必要です。

三浦　ブランド力を高めるためには、ずる賢くならないといけませんね。ナイーブにやったうえで後から怒る、あるいは国際社会に嫌気がさして閉じこもってしまうようではいけません。

日本外交に理想がない

橋下　その点、中国はよくやっていますよ。教育関連でも、中国は語学や文化の勉強をする場所として、アメリカや日本の大学に「孔子学院」などを次々と設置しています。これに対しては、アメリカはすでに警戒心を強めていて、「学問の自由を脅かす」として閉鎖させた例も出てきているようですが、いずれにしても対立している相手国に、そういった教育機関的施設を開設して、相手国内に友好的な国民を生み出そうとしたり、相手国に一定の配慮をさせようとしたりするのは非常に戦略性が高いと思う。

雄叫び派の連中はちょっと韓国と揉めると、すぐに「韓国とは断交だ」などと叫んで話を終わらそうとするけど、逆ですよ。もちろん日本の主張は論理的にガンガンやらなければならない。慰安婦問題のように黙っていたら何とかなるというのは国際社会では通用しない。ただし、断交ではなくて、韓国の大学に日本の教育施設をどんどん作って、韓国の教師をたくさん雇いあげたりして、親日派を育成すればいい。断交なんかすれば、日本の経済的損失は計り知れません。今は韓国人の訪日観光客が年間七百万人を超えました。この観光客を日本国内のどこかの施設に誘導しながら、そこで楽しんでいるうちに気付いたら日本の主張に賛意を示すようになっていたというようなプログラムなどできないのか。

これが腹黒派。十年もあれば、韓国国民全員を洗脳できるんです。まあそれは冗談としても、今の韓国の若者は韓国国内に就職口が少ないので、日本に目を向けているらしい。それなら日本は人手不足もあるので、韓国の若者をどんどん雇って日本社会のメンバーにして、日本の主張を理解させるようにするとかね。

三浦　韓国の若者人材を積極的に雇うのには私は賛成ですよ。先進国は人材がいのちなところがありますから、競争力もあがるはずです。ただ、実は近年の日本外交に欠けているのは「理想」、すなわち大義名分なんです。むしろ戦後賠償の一環として、東南アジアの発展を支援していたころのほうが、一種の大国意識もあり、アジアを引っ張っていきたいという大義名分が感じられた。しかし、バブル崩壊してしばらくしたら、そうした大国意識とともに、理想も失われてしまったように思います。客観的に見れば日本は結構な地域大国なのに、そういう振る舞いの仕方をやめてしまった、もしくは忘れてしまったのが、失われた二十年の代償だったのかもしれません。

その点、中国は「ＡＩＩＢ（アジアインフラ投資銀行）」や「一帯一路構想」など、その実態はさておき、途上国の開発支援という大きな理想を語ります。ヨーロッパの国々なども本音は中国との商売が目的でも、大義名分があるから参加しやすい。

安倍政権はその点例外的です。長期政権の余裕を生かして、「自由で開かれたインド太平洋」とか「地球儀を俯瞰《ふかん》する外交」といった理想を推進することができている。安全保障協力などは目覚しい進歩だと思います。しかし、残念ながらここには橋下さんの言う〝腹黒さ〟が十分に付随していないのではないかとも思うのです。実利としてのプロジェクトベースの協力がついてきていないからです。いくら安倍さんが東南アジアやアフリカなどの指導者と協定を結んで握手をしても、実際には民間が経済権益を得、あるいはその地域に投資をする形で広がっていかないと、日本の国際的影響力は首脳外交にとどまってしまう。これは政権の力云々というよりも、日本全体の意識の問題です。それに首脳外交といっても、これだけ国会に縛られていれば各国ほどには首脳が動けません。

橋下　政治学者からはそのように評価されるのかもしれないけど、僕は政治をやった人間として、安倍さんの外交は近年まれにみるほど国際社会に存在感を示している外交だと思う。これは、まず近年の歴代の首相と比べてみての比較優位。それと実際の行動。発信力がないとか、プロジェクトが付いてきていないと批判することは簡単だけど、基準なき批判は批判になりません。そこで歴代の首相と比べることが一つの評価基準になると思います。そうすると個別には色々問題があるとしても、全体としては十分すぎるのではないでしょうか。自分がもし安倍さんの立場だったらどうだろうと考えたらなおさらね。他との比較が政治評価の基本だと思っています。

さらに「積極的平和主義」というのも安倍首相の強力なメッセージでしたね。

話は少し変わるけど、ある政府高官からフィリピンのドゥテルテ大統領の話を聞いたことがあって、ドゥテルテは国際会議になるといつも決まって、アメリカがいかにフィリピンを植民地化してきたかという歴史を、怒りとともに語り出すそうなんです。オバマ大統領がいるときにも（笑）。だからオバマ大統領から、自身の麻薬取締の方法について人権侵害だと指摘されたときには、どの口で言うか！　と思っていたんだろうね。ドゥテルテが語り出すと、出席者一同は「また始まった」という感じで聞いているらしいのですが、ドゥテルテは毎回毎回、それを繰り返している。これはドゥテルテにとって欠かすことのできない「外交的発信」なのでしょう。

僕がそれを聞いて思ったのは、これでもか！　と思うくらい、繰り返し言わないと他人には伝わらないということ。外交的発信とはそういうものです。繰り返し繰り返し言い続けて、ようやく少しだけ「あんなことを言ってたな」と認識されるようになるわけです。「発信」って、言うのは簡単ですがやるのはほんと大変なんです。

三浦　だからこの問題は橋下さん風に「ベクトル」で言えば、ベクトルは正しいがもっとやる、プラス、もっと自主・主体性を高めるために安保政策を動かす、ということで整理できるわけです。

「自由貿易」か「保護貿易」か

橋下　トランプ大統領の外交をみていて興味深いのが、外交と経済、もっといえば安全保障と貿易を完全に一体化させていることですね。これは当初はインテリたちに批判されていましたが、もうすっかりトランプ大統領の定番スタイルとなっています。これも凄いことです。賛否があろうとも自分のスタイルを確立しちゃったんですから。NATOや日韓などには、安全保障のかわりにアメリカの武器を買え、と迫ったり、中国に対しては、安全保障上の情報管理と結びつけて、中国企業の締め出しを仕掛けたりしている。

そこであえて外交・安全保障の章で、貿易政策を論じたいのですが、ここにも大きな二つの方向性がありますね。すなわち自由貿易か、保護貿易か。まあこれも厳密には、ステレオタイプにどちらか一方ではなく、どちらをより重視するかという話なんですけど。

グローバリズムの行き過ぎを批判する人たちの間では、保護主義によって日本の産業や雇用を守れ！　という声も出ていて、そのような政治的方向性も確かにありです。とはいっても、江戸時代のように鎖国するのは無理ですから、関税などを使って自国の産業を極端に守る、ということになるのでしょう。僕がそこで不思議に思うのは、そのような政治的方向性を選択する人たちは、本来トランプ大統領の政治的方向性に賛意を示すはずなんですが、実際に賛成する人はほとんどおらず、むしろトランプの政治的方向性を批判する。

三浦　そもそも自由貿易を批判するのはいいですが、自由貿易体制から撤退して、ではどういった経済運営が可能なのか、そうした人びとからは、しっかり考えた節がみられません。日本の産業を保護して国益を守れという主張をまともに受けとるなら、橋下さんの言うように、野党はトランプ型の保護主義政策を唱えるべきということになるのでしょう。けれども、トランプさんのやり方はあくまでもアメリカの性質や環境を踏まえた戦略であって、それをそのまま移入すればよいというものではありません。そこはしっかり分けて考える必要があります。日本人はとかくトランプさんが嫌となれば大反対、トランプさんがいいとなれば、そっくりそのまま賛成する人が多いですが、日本の国益とアメリカの国益は必ずしも同じではないし、経済のあり方も全く違います。

トランプのやっていることはあくまでアメリカの利益を最大にする政策なので、日本にとっては不都合な点も多い。二〇一八年も、日米通商交渉に関して国会では野党側が日本がアメリカに二国間交渉を押し込まれたのではないかと批判していましたが、それは批判のうちで一番簡単なものでしかない。日本の野党は、通商政策で何がやりたいのか見えてこなくなっていますね。

いま、野党が保護主義に傾いているようにみえるのは、ひとつはTPPを巡るドタバタがもたらしたものではないでしょうか。民主党政権は「国益を考えればTPPは必要」という政策を推進しましたが、党内からもそれに反対する議員が出たりして分裂した。消費税の増税問題もそうですが、TPPを推進したから政権が壊れたというトラウマになっているのです。グローバリズム批判、反自由主義的なムードだけでは、野党にちゃんとした通商政策は生まれません。一歩もアメリカに譲らないことが勝ちなのではなく、消費者や生産者の利益を増やすことが目的なのですから。

もっと言えば、日本とアメリカは産業構造もまったく違う。端的にいって、日本は、アメリカのように外国に資源を依存する必要のない国ではありません。自由貿易以外に、日本が生き残り、繁栄を維持する道はない。その枠内で、外交戦略を構築するしかないでしょう。実はこれも外交政策と同様の構造があって、日本には自由貿易か保護貿易かという選択肢は、実は存在していないのです。

橋下　そこは僕も同感で、日本は基本的に自由貿易の方向性でいくしかないと思います。あとは、そこにどの程度、自国産業を守るための保護主義的なニュアンスを入れ込むかという程度。野党が真正面から自由貿易を否定するのであれば、仮に政権与党になったときに過去の主張を全撤回するという恥ずかしい事態に陥るでしょう。

では自由貿易の方向性を前提とすると、どんな外交・安全保障のビジョンになるのか。

まず商売をする場合、儲けさせてくれるところを相手にし、大切にするというのが大原則ですね。好き嫌いなどは二の次。そうなると、中国でも韓国でも儲かるんだったらどんどん貿易を行うというのが、自由貿易の論理でしょう。これに対して、雄叫び派の国会議員連中は「プライドよりも金を取るのか！」と批判してくるだろうけど、僕は、国民経済をよくして国民にまず豊かになってもらうことが政治の第一使命だと思っています。国会議員がプライドだのメンツだのと叫ぶのは、あれだけの高い報酬をもらってVIP的な生活をしているからでしょうね。お金も地位もある人が、最後は勲章が欲しいというのと同じです。国民の大多数は、まずは豊かな暮らしを望んでいます。ただし朝日新聞や毎日新聞的なインテリのように「友好親善！」というきれいごとを言うのも違います。雄叫び派でもなくきれいごと派でもなく、儲けを徹底的に追求する腹黒派ですね。

リアリズムで中国とは向き合え

三浦　そこをさらにリアルにいうならば、中国とのビジネスは外せないんです。あれだけの規模になると中国と関わらずに生きていくなどということは不可能だからです。それに比して、韓国は日本経済にとって貿易相手というよりも、やはりライバル関係なんですね。モノづくりの強みが似通っており、市場でもかち合う関係にある。日韓相互の貿易も、日本からの輸出が一一・五パーセント、韓国からの輸入が四・七パーセントにすぎません。日本にとって中韓の経済的重要度は大きく異なる。それが韓国とのトラブルがなかなか解決しない一因にもなっていますね。対立し続けていても、経済の大勢には影響が少ないから。

橋下　その意味では、近年、雄叫び派の国会議員を中心に、外国人の土地取得が問題視されていますね。特に中国人を相手に。中国人が日本の土地を買いあさり、国土が乗っ取られる、といった怒りの声があるのですが、僕はどんどん買ってもらえばいいと思っているんです。確かに自衛隊や米軍の基地の周辺とか、水源地など、日本の安全保障上外国人に土地を取得されてしまうと困る場所もある。そこはしっかりプロテクトしなければなりません。しかし、それ以外の土地については外国人に買ってもらった方が、もしその外国と戦争になろうものなら、全て差し押さえて没収できます。憲法上の問題は色々あるでしょうが、戦争というのは異常事態ですからね。土地は国外に持ち出すことはできません。ゆえに当該外国に対して物的な担保となります。

三浦　その通りです。ここで〝雄叫び派〟とおっしゃっているのは、いわゆる「日本が売られる」論ですね。これも実態と大きくかけ離れているのは、日本の土地を買う中国人の多くは、中国の国益なんかのためではなく、むしろその逆で、中国政府がいつ個人の資産に手を突っ込んでくるか信用できないというので、いわばリスクヘッジとして日本の土地を買っているわけです。反腐敗闘争が共産党幹部に与える影響も大きいですよ。政府の人間が、リスク分散のために資産隠しに走るという構造があるわけです。

橋下　安全保障上プロテクトしなければならない土地取引もあるでしょうが、しかし、自由貿易と安全保障は非常に固く結びついている。戦争指導者が戦争をするときに最大限考慮するものの一つは、自国民が敵国や戦地予定地にどれくらい在留しているのか、また自国民がそれらの地にどれくらいの財産・資産を持っているのかという点ですね。

自国民が山ほど在留していたり、山ほど財産・資産を持っている地に、いきなりミサイルを撃ち込むわけにはいかない。感情的には気に食わなくても、人や財産の交流が非常に密な国にはなかなか戦争を仕掛けることができません。もちろん毛沢東時代の中国のように、自国民の命を屁とも思っていない国は、そんなことお構いなしに戦争を仕掛けてくるでしょうが、今の中国指導者でもさすがにそこまではできないでしょう。

ゆえに、敵対関係にある国であればあるほど、その国民を日本に引き寄せ、日本に投資してもらうことは、いざという時にその敵方の戦争指導者に日本への攻撃を躊躇させる一因となるはずです。端的に言えば、人質、モノ質です。実際、アメリカが北朝鮮を攻撃できないのも、韓国には在韓米軍やその家族、その他のアメリカ人がたくさん存在するので、いきなりの攻撃には踏み切れません。そう考えると、憲法9条によって軍事力が制限されている日本にとって、自由貿易や外国人観光客受け入れなどは、疎かにできない安全保障政策でもあるのです。

三浦　そういう意味で行くと、日本はまだまだ海外に対して十分に開かれていない国なんです。海外に進出しよう、ということは言われるけれど、海外企業を受け入れよう、海外投資を受け入れよう、という意識に欠けているのです。例外がインバウンドでしょうね。

この場合、短期の訪問で消費して本国に帰ってくれるので、さほど日本の社会構造を変えないからということなのかもしれません。しかし、こちらが相手に頼り切り、受け入れることをしないでおくと、かえって外交上は脆弱性を抱えることになります。例えば、こちらだけが中国に依存し、中国は日本にまるで依存していないとなれば、彼らは経済と政治を結びつけて容易に圧力に転化してしまうことができるからです。

もうひとつ、日本が開かれた国であるべき理由があります。アメリカの政治学者ジョセフ・ナイ・Jrが唱えた「ソフト・パワー」という概念がありますが、これは軍事力や経済力以外に、その国の文化、価値観、政治思想などの魅力によって、海外からの信頼や支持を獲得するというものです。その意味では、日本の文化やもの作りなどが、ソフト・パワーとして外交・安全保障を下支えすることも考えられます。「ルールを守る公正な国」も、こうしたソフト・パワー戦略のひとつとして位置づけることができるかもしれません。

よく言われることですが、日本には、建築やデザイン、アニメやキャラクターにしても独自性が高く、優れたものがたくさんあります。しかし、これはガラパゴス的な競争環境の中で育ってきたところがあり、海外に売り出すような展開力には欠けています。日本の中でさえ、良いものを発掘する力、それを全国的に展開していく力が不足している。例えば、ロボットスーツのＨＡＬ。これは人間の身体を動かす時に出る生体電位信号をキャッチして、少ない力で物を持ち上げたり、動かすことができる装置で、介護や重労働の現場での使用が始まっています。しかし、最初に保険適用を受けたのは日本ではなくドイツだそうです。重労働の労働者に着用させることで、労災保険の支出を抑えられ、費用対効果が認められたのです。町工場発祥のような日本ならではの技術も、大規模に展開する能力がなく、結果として廃業に追い込まれて継承が危ぶまれる技術もたくさんあります。

自らのフロンティアを発見するうえでも、海外からの視点は重要なんです。たとえば観光ひとつとっても、海外の観光客から注目を集め、あらためて人気スポットとなった場所はいくつもあります。京都の伏見稲荷、広島の平和記念資料館は海外の人気ランキングの常連ですし、鹿児島の屋久島や飛驒の白川郷合掌造りの集落などもはるばる足を運ぶ外国人で賑わっています。そうした新たな目線を通じて、日本国内の観光業も盛り上がっていくはずです。国内に日本人の気付いていないフロンティアはまだまだたくさんあるのです。

ただ日本からの「俺は凄い」の押し付けは、往々にして空回りに終わるかもしれません。その悪い見本が経産省が主導した「クールジャパン」だと思います。自己イメージと、相手が欲しいものをしっかり峻別することが必要です。

北方領土問題でチャンスを逃した野党

橋下　では、ここから個別の外交問題について論じていきましょう。

僕は安倍政権の外交は基本的に評価しています。トランプとも良好な関係を結んでいますしね。外交については、雄叫び派、きれいごと派、腹黒派と三つの方向性を示しましたが、腹黒派は課題解決も目標にします。

北方領土問題については、僕は以前から、野党にチャンスがあると考えていました。政府与党が雄叫び派を意識して、四島返還を言わねばならない状況で、むしろ野党の側から「二島返還ではどうか」と腹黒的に解決策を提案すれば、事態を動かす大きな衝撃になったはず。ところが、安倍さんが先手を打って、四島一括返還を諦めたと言い切ってはいないけれど、「歯舞・色丹の二島返還もあり得る」方針に変更したのは凄い。国会議員だけでなく国民の雄叫び派を抑えるには、大変なエネルギーが必要ですからね。その安倍さんの腹黒的な解決策に対して、野党の側は「四島じゃなきゃダメだ」とまた雄叫びをあげています。ロシア国民の圧倒的多数が二島返還さえ反対している中で、ロシアから四島を返還させようとするならば、それこそもう一度戦争をやるしかないでしょ？　そんなの無理なんです。だから現実的な解決策としては二島返還の方向性しかない。四島返還論の雄叫び派は、どう解決するかのプロセスは一切示さず、強気に叫ぶだけ。四島返還と叫ぶなら、いったいそれをどのように実現しようというのか。

安倍さんは、今はうまく進んでいないけれども、一応北方領土問題の解決に向けてのプロセスは提示している。こんなのはやってみなければ、成功するかどうかわからない。政治にはチャレンジが必要なんです。安倍さんのチャレンジがうまくいかなければ、それは仕方のないこと。政治で一番ダメなのは、チャレンジすらしないことですよ。四島返還の雄叫び派は、叫ぶだけで何のチャレンジもしないからダメなんです。あろうことか、それを野党がやってしまっている。

三浦　安倍政権の強みは、〝保守〟であるがゆえに右派に妥協を迫る力があることですね。たとえば、二〇一五年に発表した「戦後七十年談話」も、彼の政治スタンスからすれば相当程度リベラルに歩み寄りつつ、「将来世代はお詫びする必要はない」という落としどころをつくった。だから、左右広く国民に受け入れられたわけです。

いまや破棄同然になりましたが、慰安婦問題の日韓合意も、安倍さんでなければ出来なかったでしょう。つまり、いまの安倍政権に対して、対抗軸を出していくのは簡単ではありません。

北朝鮮には「圧力」か「経済支援」か

橋下　そうです。安倍政権は腹黒派を模索している。だから野党は、もっと腹黒でいかなきゃならないんです。では、次は北朝鮮問題から。安倍政権は一貫して「対話と圧力」を唱え、そのうちでも圧力に力を入れてきましたが、この問題に関しては、安倍政権は雄叫び派ですね。きれいごと派は、北朝鮮と仲良くしろ、という方向性でしょう。ここで腹黒派は「お金で解決しろ」の方向です。

すなわち経済支援と引き換えに譲歩を引き出す、ですね。さらに腹黒でいくなら、核やミサイルの問題はアメリカに任せて、日本は拉致問題の解決だけに焦点を絞る。アメリカが旗を振って国際社会が北朝鮮に経済制裁を加え、北朝鮮が困っているこのときだからこそ、北朝鮮へお金の提供をちらつかせるのです。相手が困っている状況であればあるほど、こちらの救いの手は輝きを増すのです。どうせ日本には、北朝鮮に圧力を加えるだけの力はありません。そして国際社会は拉致問題を抱えず、核とミサイル問題に集中する立場で、ここが日本の立場と決定的に異なります。アメリカは自国本土が狙われるＩＣＢＭを阻止することで頭がいっぱいで、日本を射程に収める中距離・短距離ミサイルには関心がないはず。日本だって、もう二十年以上も、中距離・短距離ミサイルにさらされているわけだから、それが存続したっていまさらどうってこともない。

ゆえに日本にとっての優先事項は拉致問題の解決で、仮に日本が抜け駆けして北朝鮮にお金を提供して拉致問題を解決したことに、国際社会から猛反発が出た時には、その時にこそ腹黒を発揮しなければならない。トランプとの人間関係を利用したり、自国民を救出することはアメリカ・ファーストと同様日本ファーストだと強弁したり、そこはあの手この手です。ところが安倍さんは、雄叫び派で貫いてしまい、拉致問題がまったく動かずにかえって日本が焦る立場に陥ってしまった。今回、無条件で会談する用意があると安倍さんが公言した直後に、北朝鮮は新型短距離弾道ミサイルを発射。トランプは、案の定それを問題視しないと明言してしまい、いよいよ日本は袋小路に陥ってしまったのですから。

雄叫び派では、何も解決に向けて動かないのです。トランプは単なる雄叫び派ではありません。それは世界最強の軍事力を持っているので、叫ぶだけの雄叫び派と決定的に異なるのです。

三浦　北朝鮮政策は、組み合わせなんですよ。本来外交とはそういうものです。しかも日本ができることとできないことを峻別する必要があります。圧力のなかには経済制裁もあれば、米軍による威嚇もある。前者は日本も関与できるけれども、後者は日本の出る幕ではありません。

外交政策に関しては、正直、野党は安倍政権に対抗できないと思います。それを象徴していたのが二〇一七年の衆院選。あの時、トランプ大統領は、北朝鮮と戦争も辞せずと威嚇し、世界中のメディアが米軍の原子力空母の動きを追っていました。実際、二〇一九年四月に退任されたばかりの河野克俊前統合幕僚長が、当時の緊迫した雰囲気を朝日新聞の取材で語っておられますでしょう。米軍は本当に戦争をするのではないかという予測がありましたね。まさに重要な争点だったはずなわけです。

二〇一七年衆院選では、インターネット番組で、外交・安全保障を中心に党首討論が行われました。焦点は憲法と安全保障だった。ところが、野党はまるで安倍さんの相手にもなれなかったんです。共産党の志位委員長がオバマ政権時代の無策について指摘し、対話の必要性を指摘しましたが、自民党の安倍総裁は、そのときは今のような圧力がかけられていなかったことを指摘し返します。希望の党の小池党首が北朝鮮情勢が緊迫しているときに解散総選挙を選んだ理由を聞きますが、むしろ安倍さんに平時として民主主義が機能することの重要性とリーダーシップをアピールする機会を与えてしまう。さらに、立憲民主党の枝野代表が、効果的に圧力をかけるためには、中露や欧州諸国と足並みをそろえないといけないと質問するのですが、安倍さんから、G20での中国首脳やシャトル外交での英仏露首脳との外交実績をアピールされ、厳しい制裁措置を含む国連安保理決議が全会一致でなされたということを強調されて終了しました。

唯一、問題の本質に迫れたのは、志位さんが安倍さんに、軍事オプションは取るべきでないとアメリカに迫るべきでないかと質問した箇所くらいでしょうか。つまり、総合的に見て、野党の党首たちが外交や安全保障に関して大した政策を持っていないことが露呈してしまったのです。

その場合、野党の戦略としては北朝鮮問題を争点にしないという選択もあったはずです。仮に質問が振られたら「基本的に方針は一緒です」と言えばいいだけなんですから。

北朝鮮問題をめぐる野党の主張で、とにかくひどいのは「蚊帳《かや》の外」批判ですね。北朝鮮関係で何か事が起こると、日本は蚊帳の外に置かれていると批判する。でも、それは安倍政権の能力や方針の問題ではないんですよ。日本は核保有国でもなく、朝鮮戦争の当事者でもない。しかもアメリカとの同盟においてわれわれは盾と矛の盾の役割しか担っていないのです。専守防衛ですから。韓国の同盟国でもないし、軍事支援する立場には全くない。そういうことを考えあわせたら、日本が軍事的圧力を構成できない以上、中心的アクターとなるはずがないのです。従って、「蚊帳の外」批判は、どの政権だろうが置かれるであろう日本の立場を批判しているに過ぎない。

むしろ安倍政権を批判するならば、「対話と圧力」一本槍で、プランB、次善の策が示されていないことのほうだったでしょうね。

橋下　まさに、腹黒的な策がないということです。

三浦　私はテレビ番組で河野太郎外相に「プランBは何ですか？」と質問したのですが、「プランBはない」と言い切られました。これは成熟したメディアが日本にあれば、命取りになったくらいの失言だと思います。プランAが行き詰ったら、日本は何の方策も持ち合わせないことになってしまう。そこは言葉を濁しながら、うーんとか、重たい深刻な雰囲気を醸《かも》し出して、今はこれで行くので国民の皆さんにはぜひご理解いただきたい、と仰ればよかったと思いますね。

実は、「対話と圧力」はかなり意味のある政策で、経済制裁には一定の効果がありました。ただし限界もあります。北朝鮮の幹部たちの懐がさみしくなっただけで、今年五月頭に行われた新型短距離ミサイル発射実験に見られるように新型兵器の開発も順調に進めているし、一般国民の生活レベルは近年向上していると言われています。

北朝鮮がトランプ大統領との対話に踏み出したのは、核兵器も大陸間弾道ミサイルも完成したし、そろそろアメリカと話す準備が整ったことが背景にあるでしょう。だから、北朝鮮が核兵器に関して一気に妥協するシナリオは成り立たないはずです。朝鮮半島の非核化は長期的な目標としては残ると思いますが、短期的には実現しない。北朝鮮と軍備管理交渉をしつつ、徐々に経済開発へ誘導していく方向しかないと思います。我々は拉致という大きな問題があるから、少しでも早く被害者を帰還させるための努力を続け、そのための取引をするしかないのです。

橋下　経済制裁の効果については色々な意見がありますけど、やっぱり今回はトランプの睨みが効いていて、中国とロシアが建前上であってもしっかり制裁に協力していることが非常に大きいと思います。オバマ大統領だったら、習近平もプーチンも言うことを聞かなかったでしょうからね。ここで軍事力もない日本が採り得る方法は、「お金での解決」しかありませんよ。これが腹黒派。

三浦　北朝鮮が仮に改革開放を行った場合、外資がどんどん入っていきますね。すると、いま北朝鮮に圧倒的な影響力を持っている中国に対しての牽制にもなるんです。さらにいえば、北朝鮮の産業が育てば、韓国と競うことになる。これも外交手段の一つです。そういった離間工作は、国際政治においては基本的な戦略ですが、日本人は今、そういう〝不道徳だけれども戦略的な選択〟ができなくなっているのではないでしょうか。

橋下　僕が政治家だったら、拉致問題の解決を第一に、日本の国力を現実的に直視して、そのような腹黒的手法を練り、手持ちカードとして用意しますけどね（笑）。

徴用工問題の解決策

三浦　私も橋下さんも安倍外交には一定の評価をしているのですが、なかなか問題が解決しないのが韓国との関係ですね。

二〇一八年十月に韓国の最高裁が、新日鉄住金（現日本製鉄）にいわゆる「徴用工判決」を出しました。朝鮮半島からきた「強制労働をさせられた」とする労働者に対して、企業側に損害賠償を求めるもので、次々と他の日本企業にも判決が出ています。この賠償問題は基本的には、日韓政府の間で結ばれた、一九六五年の日韓請求権協定で解決済みとされてきたものですね。歴代の韓国の政権、司法も、それを認めてきました。これがひっくり返るのは、韓国と交わしてきたさまざまな約束事への信頼が大きく損なわれることになってしまいます。

橋下　ただ僕が気になったのは日本政府の態度の問題なんです。「徴用工問題は日韓請求権協定ですべて解決しているのだから、文句をいうな」という一点張りで果たしていいのか。これは雄叫び派の方向性です。これでは、永遠に日韓関係は未来に向けて進まないのではないかと危惧しているんです。

私事になりますが、僕は以前、『週刊朝日』を名誉棄損で提訴し、その後、和解しました。この問題は解決済みなのですが、僕がこの件で何か発言した時に、仮に朝日側が「もう和解を結んで終わったんだから、あの件についてはゴチャゴチャ言うな」と言ってきたら、やっぱりカチンと来ますよね。いくら和解が成立していても言い方はあるだろ！　と。

もちろん和解が終わった後の蒸し返し方にもよるけれどもね。また法理論的にも、二〇〇七年に日本の最高裁が、「和解的条約があっても被害国民の個人的請求権は消滅しないし、時効消滅もしない。ただし民事裁判では解決できないので、裁判外において被害国民を救済するように関係当事者は努力するべき」という判決を出しているのです。これを踏まえて、日本は、韓国に対する態度振る舞いを考えるべきでしょう。

そして、もはや両国とも感情論になっていて、合理的な論理で考えることができなくなってしまっている。こんなときに、「冷静になろう」としか言えないきれいごと派はクソの役にも立ちません。こういうときにこそ、腹黒派が本領を発揮すべきなんです。

三浦　河野外相はかなり早い段階で「国際司法裁判所への提訴も視野に入れている」と発言しました。しかし、国際司法裁判所に提訴するには、両国の合意が必要なわけで、韓国の同意が得られるわけはありません。実現不可能なことをわざわざ早期に持ち出して、不要の挑発を行う必要はなかったと思いますよ。このときはまだ文在寅大統領も何も発言していなかったのですが、相手の発言より前に過敏に反応する時点で、子どもっぽいですね。この件に関しては静観の構えで韓国の出方をうかがっていれば良かった。

橋下　それでも腹黒的に、そのような発言をしたのなら、ありです。その発言の裏に何があったのか。何もなければ、ノー・プランの単なる雄叫び派です。

相手とケンカをするにしても、相手に敬意を表した上でケンカをするか、それともバカにした態度でケンカをするかは、その後の進展に大きく影響します。ケンカの達人はもちろん前者。腹黒派です。トランプはこれを実践しています。習近平にも、プーチンにも、金正恩にさえ、表では、敬意をしっかりと表しています。そしてガッツンガッツンとぶん殴ってくる（笑）。

韓国の文在寅大統領は、典型的な雄叫び派です。朝鮮民族第一主義、日本に植民地にされたことは絶対に許せない、ライバルの日本に対しては徹底的に強気に行く、自主独立防衛を目指す。これを日本に当てはめると、日本民族第一主義、アメリカに占領されたことは絶対に許せない、ライバルの中国に対しては徹底的に強気に行く、自主独立防衛を目指す、という日本の雄叫び派と瓜二つです。雄叫び派の文大統領は、国内政策の傾向から左派と位置付けられていますが、日本の雄叫び派は右派と位置付けられている。だから、もう右や左の分類は意味をなしません。今、文大統領に罵声を浴びせているのは、日本の雄叫び派。お互いに相手の立場に立てば同じ態度振る舞いをする者同士なんですね。

ですから腹黒派としては、文大統領が朝鮮民族のために朝鮮半島のために必死にやっていることには一定の敬意を払いながら、しかしこちらも日本民族と日本国のために必死にやるぞ！　とぶちかます。こういうケンカの土俵を作らないといけませんね。

さらにルール遵守を最も重視するという日本の姿勢を打ち出しながら、一九六五年日韓基本条約のあいまい不明な点はしっかりと認めます。その上で、国際司法裁判所においてルールに基づいて解決しよう！　という呼びかけをするなら、これは完全な腹黒派的なケンカです。河野さんにはそのような腹黒的意図はなく、単純な雄叫びとして国際司法裁判所を持ち出したのかもしれません。

そしてこの「徴用工判決」を受けて、韓国の弁護団が韓国内の日本企業の資産差し押さえの動きを見せると、麻生太郎財務相が、関税の引き上げ、送金の停止やビザの発給停止（ビザなし渡航の中止）などいろいろな報復措置がありえるとの発言をしました。しかしこれも腹黒的意図のない、単純な雄叫びだと思います。

麻生さんが例に出した報復措置を取れば、韓国も同じような報復措置を取り、これは日韓相互に経済的ダメージが大きい。日本はアメリカや中国のような超大国ではないので、力ずくで韓国を抑え込むことはできないことを悟るべきです。政治家は国民の生活を豊かにすることが第一使命なので、安易に断交的措置を取ることは絶対に避けなければなりません。一部の日本企業を守るために断交措置を取り、国民の多くに経済的なマイナス影響を及ぼすことは本末転倒です。

ここで腹黒派の本領発揮です。僕は、日本国内の韓国企業の資産を差し押さえてしまえばいいと思います。報復措置としてはバランスが取れており、国民経済への影響もありません。

三浦　しかし、日本で活動している韓国企業は、この問題に何の責任もないでしょう。

日本に親近感を抱いている人々にダメージを与えることになるし、やはり、韓国政府に対しての措置に限定するべきですよ。

橋下　いや、ここが腹黒派の力が試されるところなんです。まず韓国がここまで日韓基本条約を反故にするような態度振る舞いをするなら、それをいったん破棄にする方針を示せばいい。

基本条約が破棄になれば、日本が韓国政府に対して支払った多額の経済協力金について利息を付けての返還を求めることができます。さらに基本条約で放棄した、韓国内の日本資産について全て返還を求めることができます。そして韓国政府が返還しない場合には、韓国政府が韓国企業に対して有している徴税権を日本政府が代位行使する。まあ、かなり無理のある法律構成ですが、それでもそのような理屈を基にした対抗措置法を作ってでも、日本国内の韓国企業の資産を差し押さえる措置を取ればいい。もちろん韓国企業は日本の裁判所に訴えるでしょうが、そこは司法判断に任せるしかありません。

ここでのポイントは、元徴用工が韓国内の日本企業から賠償金をとっても、それは実質日本国内の韓国企業からとっていることになってしまう「仕組み」を作ることです。国民経済に影響の多い雄叫び的措置ではなく、韓国側が日本企業から賠償金を取ることに意味をなくしてしまう腹黒的措置。韓国とケンカをするなら、国会議員はこれくらいの腹黒的知恵を絞って欲しいものです。

三浦　そのメッセージは、韓国側には伝わりにくいのではないでしょうか。もう政治的には彼らは日本に一歩も譲れなくなっていますからね。そういう解釈にはならないと思うけれど。

私が問題だと思うのは、麻生さんの発言からもうかがえるように、韓国に対しては日本の国益に反してまでも、容赦のない対応に出て構わないという空気が与野党問わず醸成されていることです。それが日本の経済にダメージを与えるということが分かっていても。レーダー照射のときには、韓国側の主張にかなりのブレがありました。あれは韓国の国防省の対応がまずいんです。ただ、レーダー照射をめぐってビザなし渡航を禁止するという議論が日本で出てきたときには呆れましたね。自分で自分の首を絞めるようなものですから。ここは、もう少し野党は別の軸をはっきりと打ち出すべきだったんじゃないかと思います。しかし、この問題に関しては、リベラル系知識人も含めて驚くほど静かだった。やっぱり、いざという時に頼りにならないな、と思いましたね（笑）。雰囲気にのまれやすいのは日本の弱さです。

韓国と同レベルの対応はしない

三浦　これもあえて言うならば、「レーダー照射は日本側に非がある」と言い続ける韓国と同レベルの対応をしてはならない、ということであり、韓国との小さないさかいにのめり込むことが究極的には中国を利する、といった長期的視点を忘れてはならないということです。何も譲る必要はない。しかし、相手に無駄な期待を寄せず、冷静に国益に基づいた判断をしようよ、ということですね。

橋下　ただ腹黒派からすれば、レーダー照射問題で韓国とケンカをするなら、客観的なレーダー情報まで開示するという腹を括った上でケンカをしなければならなかった。ところが日本側は、軍事上の機密だとかなんとか言って、この直接証拠を出さなかったわけです。裁判所のような第三者機関が判定を下してくれるなら、日本側が出している間接的な証拠でも裁判官が吟味して白黒を付けてくれますが、今回のケンカは、裁判所などが入らない、当事者同士のケンカ。ここでは完全な直接証拠を突き付けなければ、相手はなんやかんやと逃げ切りに入ります。直接証拠を出す覚悟なくケンカをしたのは、腹黒的じゃありませんね。

安倍政権よりアメリカに擦り寄ってもいい

橋下　安倍外交で僕が評価するのは、アメリカとの付き合い方です。良かれ悪しかれ強い国とタッグを組むというのは、外交・安全保障において最も重要な態度振る舞いといっていい。中国、ロシア、北朝鮮という核保有国に囲まれ、それでいて自分たちは核を持っていない日本は、アメリカを頼るほかないでしょう。野党が安倍外交を非難しているのをみると、ではあなたたちは中国やロシアと同盟を結ぶ気なのか？　と問いたくなってしまう。

三浦　アメリカとの距離感をめぐって政治が展開されるというのは古くからの日本政治の構造ですよね。冷戦期にはソ連や中国、北朝鮮といった社会主義国にシンパシーを持つ野党が存在したわけですが、結局は社会主義陣営のなかにおける国内弾圧や武力紛争に幻滅を深めていく。残ったのはアメリカとの距離感だけです。

本来、冷戦期のままの日本で来ていたならば、勃興している中国を見て、巨大なマーケットに魅力を覚え、アメリカから中国に乗り換えようかという動きが出てきてもおかしくなかった。しかし、前にも述べたように、いま日本の国民には根強い中国恐怖症があって、「中国に付いていきますよ」と言ったら、絶対に票が入らない。逆に中国への反感が、保守派のアメリカへの支持を強める結果にもつながっています。これがいまの対米関係を大きく規定している構造です。

実際、アメリカのシンクタンク、ピュー・リサーチ・センターの意識調査でも、東アジアの同盟国である日韓は、カナダやメキシコ、ドイツなどにみられるような反米感情がみられないんです。メキシコはトランプ大統領にさんざんいじめられたから、オバマ政権の最後からトランプ政権に入った頃にかけて、一年でアメリカの好感度が六六パーセントから三〇パーセントへと半減していますし、カナダもNAFTAで圧迫をかけられましたし、ヨーロッパ諸国も、貿易問題やNATOの防衛費の問題でトランプに攻められ続けていることもあって、アメリカの好感度は三〇〜四〇パーセント台と非常に低調です。ちなみに中国人の日本への好感度でさえ四五パーセントあるから（山猫総研調べ、中国都市部）、それよりも低い。

それに対して、日本は先ほどのピュー・リサーチの調査結果では六七パーセントがアメリカを好き、という特異な国なんですね。実は韓国も同じで、八〇パーセントともっと高い。この数字から見えてくるのは、安倍さんに対して「トランプなんかに尻尾を振りすぎだ」と批判しても、意味がないということです。日本国民は基本的にはアメリカの政権と仲のいい政権を支持している。日韓の世論が米国に親しみを持つのは、米国との関係から利益を得ていることに加え、同盟関係が安全保障の根幹を支えており、ほかに選択肢がないことと無縁ではないでしょう。

橋下　僕は腹黒派だから、安倍さんよりももっと露骨にアメリカにすり寄る路線はとれないか、と考えてしまいます（笑）。たとえば安倍さんがトランプに頼まれてノーベル平和賞の推薦状を書いたことが公開されていましたね。

三浦　メディアから「トランプさんがアベさんから推薦を貰ったと言っていますが、本当ですか？」と問い合わせがあって、政府与党の誰かが匿名で、「トランプさんに頼まれたんだよ」と本当のところを話してしまった、あの件ですね。

橋下　ノーベル平和賞の推薦にちょっと名前を貸したくらいで、もしトランプから何か大きなものを引き出せるのだったら安いもんでしょう。ただ、これではまだ腹黒さが足りない（笑）。どうせバレてしまったんだから、「トランプ大統領は素晴らしい。金正恩との対話は、口だけのオバマを上回る功績だ」くらいのことを大きな声で言ってトランプを持ち上げないと。トランプも、よくそこまで言うよなーと思うくらい、相手を持ち上げますよね。

そして中小レベルの力しかない者の上手い生き方は、強い者に付きながら、その者にいちおう文句は言える存在になることです。これは全体のパワーゲームの中で光るポジションになります。アメリカの大統領に「ちょっと腹立つけど、こいつに文句を言われたら聞かざるを得ないな」と思わせたら、日本クラスの国としては上出来ですよ。安倍さんはそれに近付きつつあるんじゃないでしょうかね。

三浦 (笑)。そこはイメージの作り方ですね。アメリカの腰巾着に過ぎないと思われるのか、アメリカにもちょっと待ったをかけられる影響力があると思わせるのか。私が日本の対米依存度を下げるべきだと主張しているゆえんです。まあ、でも橋下さんはトランプさん好きでしょう。

橋下 そこが腹黒派の力が試されるところです。加えて、僕がトランプ政治に興味を持つのは、なんといっても実行力ですね。台頭する中国とどう向き合うのか。大きくいって「仲良くしましょう」という協調路線と「徹底して抑え込もう」とする対決路線があるとして、後者の考えを主張するアメリカの政治家はたくさんいましたが、皆口で言うだけで誰一人として実行に移さなかった。

ところが、トランプ大統領は、関税を武器にして徹底的に中国を追い込んでいる。習近平もおそらく最初は、どうせまた口だけだろうと思っていたはずです。ところがトランプが本気なのを知って慌てふためいて、交渉のテーブルについた。大国に対して、自らの主張を押し通そうとすれば、昔なら戦争ですよ。もちろん今は戦争はできない。でも戦争に匹敵するようなエネルギーをぶつけないと、大国相手に自らの主張を飲ませることはできません。インテリぶったお話じゃだめなんです。だからトランプのやっている関税引き上げや、ミサイルのぶっ放しなど、一見はちゃめちゃに見える態度振る舞いは、戦争に匹敵するようなエネルギーを放ち、結局大国を動かすことにつながっている。まさにドタバタ政治、動く政治ですね。

北朝鮮とも、あれだけ激しく罵り合い、戦争一歩手前までの緊張状態に突入させておいて、最後は金正恩とハーゲンダッツのアイスクリームを食べて、握手をするところまでいったのですからたいしたもんですよ。握手以来、北朝鮮の非核化の話は進んでいないようですが、実際、アメリカ本土を脅かす大陸間弾道ミサイルは発射されていません。戦略的忍耐と称して何もしなかったオバマ大統領とは、実行力の点で大きな違いがありますよ。

三浦　橋下さんのトランプ評価の高さはよくわかりますが、ひとつだけ言うなら、トランプ政治の大前提となるのは、アメリカという超大国の衰えでもあるんです。かつてのような圧倒的な経済大国であり、世界秩序の担い手であるというポジションが重荷になった。だったら辞めればいいだろう、世界のことなんて知らない、アメリカのことだけ考えようというのがトランプであることは間違いない。コストカットして事業を縮小し、業界団体の長もぶん投げて、下請け企業への締め付けを強化して、とにかく黒字を確保しようという経営者みたいなところがある。ただ、ほかに選択肢がないのが、日本のつらいところなんです。しかも、アメリカが自信を回復してくれない限り、アジア太平洋にコミットし続けてもらうことは難しい。戦争をしないアメリカは歓迎ですが、国際社会に関心をまるで失うアメリカは困る。だからこそ、いまはトランプさんに経済的権益を追求してもらえばよい、というのが私の考え方です。

橋下　それでも、大国を含めて世界各国がトランプを気にしているということは、それだけでリーダーとしての立派な証だと思います。

日本は「軍事大国」になれるのか

三浦　ただし、日本はアメリカに対しても脆弱性の穴を埋めていく必要があります。はじめの橋下さんの問題提起のところで、日本が軍事大国になるという選択は現実性に乏しい、という話が出ました。私もそれはそのとおりだと思うのですが、では、日本の防衛予算は増やさなくていいのか、というと、十分な検討が必要だと思います。正確には、防衛費の総額はそこまで伸びないでしょうから、使い方の問題なのですが。

近年、日本は防衛費を次第に増やしているものの、日米同盟の維持強化に軸足が置かれ、かつ大きな戦争が起きないことを前提とした予算になっています。たとえば、南西諸島に対する侵略を想定してスタンドオフ火力を強化していますが、これとて全面侵攻を食い止められる規模のものではありません。また、陸上イージス（イージスアショア）配備に四千六百億円と巨額の予算が見込まれていますが、本来、専守防衛を見直せば、もっと効率的な予算の使い方ができるはずなのです。もちろん、有事にも自衛戦争しか許されないのは言うまでもありません。軍事大国になるのは現実的ではないとしても、日本への本土侵攻の可能性を頭から除外しつつ、専守防衛に特化した軍事政策、予算配分が果たして正しいのか疑問です。

橋下　憲法9条のせいで、日本は国をあげて、戦後七十年以上にわたり自国を守る防衛力や軍事力を考えることを放棄してしまった。まあそれが第二次世界大戦の戦勝国の当初の狙いだったんでしょうけど。それを横に置いたとしても、日本に必要な防衛力、軍事力とはどのようなものかということについて、一部の専門家を除いて誰も分かっていないと思います。国会議員もほとんど分かっていないと思います。

三浦　日本がアメリカからイージスアショアを購入する背景には、防衛上の合理性に加えてトランプ政権の通商政策があるわけですね。わかりやすく言えば、日本の自動車産業などを守るために、高額の兵器を購入するという流れになっている。純粋に一対一対応とまでは言い切れないけれど、これは日本がアメリカに完全依存する中で多額の貿易黒字を出しているからこその問題でもある。専守防衛の維持は軍事的経済的合理性に欠けていると思いませんか？

興味深いのは、二〇一八年の朝日新聞の調査では、六六パーセントの人がイージスアショアに賛成しているんです。無駄遣いが大嫌いな国民が、これだけ賛成するということ自体、驚くべき結果ですよ。日本人のなかで安全保障意識が高まっていることの表れでしょうが、「防衛的」な兵器だからという理由だけで高額の投資をするのは合理性に欠けています。専守防衛は、お金がかかるだけでなく抑止力を弱める効果があります。かえって攻撃を誘発しかねず、リスクのある政策だということを知っておく必要があります。

橋下　僕も、イージスアショアの効果には疑問を持っています。あれは飛んでくるピストルの弾を、ピストルの弾で撃ち落とすようなもの。迎撃実験で失敗する例も出ていますし、どう考えても、迎撃よりも、攻撃の方が有利なはずです。実際に戦争となれば、迎撃ミサイルはほとんど役には立たない、と素人感覚でも分かります。専門家たちに聞いても、あれは一発、二発撃ち込まれた場合に迎撃するもので、何発も撃ってくる本当の戦争状態では役に立たないと言っている者が多かった。そこに数千億円でしょ？

これはまさにトランプ流の腹黒外交ですね。安全保障と商売を一体として、日本に防衛装備品を売りつけている。安倍さんとの個人的信頼は保ちながらでも、アメリカの利益を考えている。ザ・腹黒です。だとすれば、日本も腹黒でいかなければならない。アメリカとの関係で、どうしてもイージスアショアを購入しなければならないというのであれば、数千億円も払うのですから、アメリカに何か一つでも二つでも要求することを考えなければならない。在沖縄米軍普天間飛行場の辺野古移設問題をテーブルに上げるようなことはできないだろうか。

そういう意味では、野党も日米同盟堅持の方向性に乗っかるのであれば、安倍政権に対して「アメリカのいいなりじゃないか」と単純に攻めるのではなく、「あまり効果的とは思えないイージスアショアを購入するのであれば、それと引き換えに日本のどういう要望を突き付けるのか！」と攻めていかなければなりません。

三浦　まあ、いまはむしろアメリカの提供する防衛の借りを返している状況でしょう。輸出産業を守ることは必要であるにしても、日本の古い産業構造を維持するための死に金になるのではないか、と懸念しています。ただ今後、米軍基地を自衛隊基地にして共同使用するなどの政策転換が望ましいことは言うまでもありません。アメリカの専門家もこれには賛成する人が多いですよ。あとは、日本のリーダーシップの問題です。

トップダウンとボトムアップのバランス

三浦　防衛に関して、いま考えておかなければならないのは、組織運営の問題、リーダーシップと補佐体制ですね。現在、安全保障政策の意思決定は、安倍官邸に集中しています。「強い官邸」は、外交安保政策においてさらに際立っているのです。長期政権を通じて、安全保障上の決断を積み重ねている結果として、安倍政権独自の官邸官僚たちの関係性ができあがって、意思決定の補佐機関として機能しています。逆にいうと、人脈もふくめ、この決定力を次の内閣に引き継ぐのは非常に難しいのではないかと私はみています。

これまでの自民党政権であれば、各省庁から官邸に送り込まれた官僚たちが入れ替わっていくことで、一定数の官僚たちに政権担当者としての知見が蓄積・共有されていました。ところが安倍政権は長期政権でもあり、メンバーの固定化が目立ち、官邸官僚の中にも安倍政権と一蓮托生という空気が強まる傾向にあります。そのため、新しい政権では結果的にスタッフの総入れ替えになる可能性が高い。すると、安倍政権で新しく作り上げられたトップダウンの仕組みを、何の経験もない人たちが動かすことになってしまうのです。

橋下　巨大な役所組織というのは、それなりに持続性がありますよ。人が急に替わっても何とかなるものです。本当は、アメリカのシンクタンクのようなところに人材をプールしておいて、政治任用でそのような人材を活用できればいいんですけどね。安倍さんがNSC（国家安全保障会議）という新しい意思決定機関を設置しましたよね。ここが組織として持続的に機能していくのではないでしょうか？

三浦　NSC主導の意思決定の仕組みは機能していますよね。しかも、かつてとは格段に進歩しているのは自衛隊と官邸の距離感です。統合幕僚長がアドバイザーとして出席するようになったのは、制度的な意味で大きな変化ですが、国家安全保障局（NSS）に防衛省の制服組が入ったことも、人材交流という意味で正しい方向への改革だと評価できます。彼らが今後、補佐能力をもつ制服組として活躍していくでしょうね。

ただ自衛隊と官邸の関係性が強くなったがゆえの弊害も起きているように思います。二〇一八年の防衛大綱は初めてNSC主導で作られたのですが、その特徴は、かなりの要請がNSCからトップダウンで降りてくることでした。ただし、それと呼応すべき現場の陸海空の自衛隊からのボトムアップの政策提案は必ずしもしっかりできていない。実はNSCが強くなったことによって、防衛省の内局や陸海空の政策提案能力が低下する懸念が生じつつあるのです。

そうした官邸主導のトップダウンの問題点が垣間見えたのが、二〇一八年末に起った韓国軍の艦船によるレーダー照射問題ですね。通常、こういう問題が起こった時には、まず海上自衛隊と韓国海軍、防衛省の上層部と韓国国防省の上層部といったカウンターパートの話し合いで、落としどころを探っていくもの。しかし、今回は官邸主導で、自衛隊が撮影した動画が公開され、しかも、この動画は日本の主張を単に裏付けるものとしては必ずしも最善のものとはいえませんでした。補佐機能がもう少し強化される必要があるのではないでしょうか。トップダウンとボトムアップの連携を強める必要があると思いましたね。

橋下　トップダウンとボトムアップのバランスこそが組織マネジメントの要です。そしてレーダー照射問題で仮に問題があったとしても、それだけでNSC全体に問題があるような評価をしてはいけないと思います。やはりＮＳＣがなかったときと、ＮＳＣができた後を比較検討しなければなりません。そうすると明らかにＮＳＣができた後の方が、国家の意思や責任の所在が明確になっています。

これまで外務省は中国に対しては柔らかく、ロシアに対しては厳しい対応をしていたと思いますが、安倍さんは明らかに中国に対して厳しく、ロシアに対しては柔らかく対峙しています。それが正しいか間違っているか、色々意見はあると思いますが、絶対的に正しい正解など誰にも分からない。だから安倍さんとＮＳＣの意思と責任であることを明確にして、あとは選挙で審判を受ければいいんです。

防衛に関しても、日米同盟の強化、南西諸島防衛の強化、インド・太平洋沿岸国軍との連携強化もＮＳＣの意思と責任であることは明確ですし、三浦さんが指摘した今の防衛装備の購入方針についても同じです。最後はきっちりと選挙で審判を受ければいい。韓国とのレーダー照射問題も現場レベルにすべて任せてもうまくいったかどうかは分かりません。まずは現場レベルの調整に委ねるにしても、その状況の報告を聞きながら、最後動画を公開するかどうかを決めるのは、やはりトップの決断でやらなければなりません。それは対韓国における総合判断です。そしてその責任は安倍さんが全て負うというのが健全な組織マネジメントだと思います。

もちろん、トップダウンが強くなれば現場が弱くなるというのは抽象論としてはそのとおりなんですが、だからと言ってNSC自体がうまくいっていないというわけではなく、それは単にNSCの判断が正しかったのか、間違っていたのかの問題だと思います。僕は先ほども言いましたが、直接証拠を出す覚悟なくケンカを仕掛けたのは間違っていたと思います。その上で巨大組織をマネジメントした僕の経験から、あえて意見をするとすれば、大きな方針を示すのがトップの役割であり、その実行案を考え、実行するのが現場の役割でありますが、ここという肝心なときには、トップが強い意思と責任をもって強烈なトップダウンで指揮命令すべきです。このさじ加減こそが組織マネジメントの妙です。

危機管理問題の対応策は三つある

三浦　そうですね。そうした細かな事例を検証していくのが、国防機構のマネジメント研究なんですよ。米軍に関しては膨大な蓄積がありますが、日本にはあまりないのが問題の本質なんです。事例が蓄積しないと学びようがないですからね。
自衛隊と関連して、安倍政権で大きな問題となったのは、二〇一六年から二〇一七年の日報問題ですね。南スーダンにＰＫＯで派遣された自衛隊の部隊が作成した日報をめぐる一連の騒動です。はじめ防衛省は、情報開示請求に対し、この日報はすでに廃棄したと回答していたのですが、実際には日報が見つかり、しかも戦闘行為があったと記されていました。ＰＫＯへの派遣は非戦闘地域に限るという取り決めがあるので、さらに問題は広がっていきました。

私はこの日報問題の本質は、危機管理上の失敗だったと思います。当時の稲田朋美防衛大臣はかなり早い段階で「戦闘行為があったとは聞いていない」と国会で答弁します。この「戦闘」と「戦闘行為」の違いを理解している国民などほとんどいない。従って、説明不足で誠実さに欠ける印象を与えてしまいました。そこへ、日報が陸自の各端末に残っていたものを消去した件を、大臣に報告した、いや聞いていないの水掛け論が生じます。だいたい政治で命取りになるのは、ミスそのものではなくて、そのミスを糊塗しようとする時にウソをついてしまうことなんです。自衛隊からの内部リークがありつつも、最後まで真相は明らかにはされませんでしたが、稲田さんが「ギリギリ嘘にならない」とご本人が思った細いラインの上で綱渡りをしたことは事実でしょうね。

橋下　僕も政治をやっていて危機的な状況は山ほど経験しましたが、そのときの対応パターンとしては、だいたい三つあります。一つはウソをつき通すこと。これは論外ですね。今のメディアの追及能力を考えれば、まず逃げ切れない。まあ森友学園問題では、財務省理財局は逃げ切りに挑戦しましたが、最後の最後でバレてしまいました。だから僕はウソをつく対応をしたことはありません。

もう一つは「概念逃げ切り型」。これは弁護士が多用する方法ですが、問題になる概念を狭く定義して、今回はその定義に当てはまらないので問題ではない、と釈明するやり方です。たとえば財務省事務次官のセクハラ問題のときには、セクハラの定義をあえて狭くして、今回はそれに当たらないと当初釈明していましたし、厚生労働省の統計不正問題では、虚偽報告の定義を「ことさら偽る意図をもって虚偽の報告をした場合」と狭くして、今回はそれに当たらないと釈明しました。これらは一般的な感覚とズレており、さらなる批判を受けて、有権者からの信頼を落としたと思います。弁護士である稲田さんも日報に記載があった「戦闘状況」について、PKO五原則における「戦闘行為」概念を持ち出し、日報記載の戦闘状況はそれに当たらず、戦闘行為はなかったと釈明しました。言葉では同じ戦闘なのに概念が違う、と。これは非常に分かりづらかった。結局、この対応方法が尾を引いて、稲田さんの大臣辞任につながっていきます。

それに対して、第三の方法として、「問題提起型」の対応が最も有効です。問題があったのであればそれを真正面から認めて反省した上で、なぜそのような問題が生じてしまったのかを情熱と論理で問題提起していくやり方です。日報問題であれば、「確かに戦闘状況にありました。しかしこのような戦闘状況のときに直ちにＰＫＯを撤収してもいいのでしょうか？　このような戦闘状況のときにも自衛隊は丸腰のままでいいのでしょうか？　今のＰＫＯルールにそもそも問題があるのです。もちろん今回はＰＫＯのルールには反していませんが」と熱く訴えかけるのです。

三浦　もっといえば「私たちは結果的に南スーダンの無辜の人々の犠牲がより少なくなる選択肢を取っています。それに反対意見がありますか」と言わなくてはならなかった。そう言える防衛大臣を選ばなかったことが、安倍首相の問題点だったと思います。

橋下　かつて小泉純一郎首相は、イラク派遣について、「自衛隊がいるところが非戦闘地域です」と「概念逃げ切り型」をやって、「戦闘地域と非戦闘地域の区別など自分に分かるわけがない！」とある意味素直に居直った上で、問題提起型にもっていった。

三浦　そう。「戦争後に自衛隊がこれをやるのは大事でしょう」ということをしっかり言った。この組み合わせが功を奏して、ＰＫＯの議論が少し前に進んだわけですね。

橋下　初期の安倍政権は危機状況への対応場面に限らず、あらゆる場面で問題提起型だったと思います。積極的平和主義、集団的自衛権、テロ対策、金融緩和など、国民を説得しようとする熱を感じました。メディアがどれだけ政権批判しても支持の底が割れなかったのは、世間に訴えかける問題提起型の政治だったからです。これは課題解決型とも言えます。

三浦　それが長期化するにつれて、だんだん守りに徹し始めた感がありますね。森友学園のときも、財務省事務次官のセクハラ騒動のときも、厚労省の不正統計問題のときも「概念逃げ切り型」を繰り返している。国民を説得する力が弱まってきていますね。

橋下　そうですね。そうそう第四の対応もありました。末端の責任者の首だけを切る「尻尾切り型」。これを多用するようになると、政権もいよいよ危ない状況です。いずれにしても、逃げ切り型か問題提起型（課題解決型）かは、政治を評価する上での重要な基準となります。

公文書を残さないのは日本の弱点

橋下　日報問題でいえば、そもそも陸上自衛隊のイラク派遣時の日報が、保存期間一年未満という最も軽い扱いの文書に位置付けられていたことがおかしいんです。これら現場の日報は歴史研究の領域では一級資料でしょう？

安倍政権では公文書をめぐるトラブルが続出しましたが、僕はその根底には、公文書に対する認識のズレがあると思うんです。日本の官僚たちは公文書というと自分たちのアラ探しに使われるという認識があるから、後で面倒なことにならないようにできる限り残しておきたくないと考えてしまうのでしょう。でも公文書って、官僚たちの知恵と努力の結晶で、失敗も含めて宝なんですよね。一つの政策を実現するプロセスで、彼ら彼女らがどれだけ議論を重ね、知恵を振り絞ってきたか、僕は見てきました。その知見は失敗を含めて、必ず後世の参考になります。そして全てが公開されるとなると、不正・不適切なことはできないという緊張感が漂います。ゆえに公文書がきちんと残っていないことは、日本政治の最大の弱点だといっても過言ではないと思います。

そうは言っても、公文書を残すことによって、後に責任追及を受けたり、裁判で訴えられたりするのは辛いですからね。僕も、後の検証に耐え得るように、全て記録化、情報公開化を原則としていましたが、その資料を根拠にいくつも裁判で訴えられました（笑）。まあこれは公人として仕方がないと納得しましたけどね。

三浦　私は最近、火箱《ひばこ》芳文さんが書かれた『即動必遂 東日本大震災 陸上幕僚長の全記録』という本を読んだんですね。火箱さんは東日本大震災の時の陸上自衛隊の幕僚長で、この本は二〇一五年に書かれていたのですが、私も不勉強で、火箱さんご本人とお話をする機会があってから拝読したんです。火箱さんが言われたのは、震災時の出動は陸自にとって戦争そのものだったと。これは実際に戦争をしていない日本にとって、もっとも重要な知見であり、後々まで共有すべき最重要記録のはずなのですが、個人の方がこうしてまとめたほかは、おそらく知見は散り散りになっていってしまう。

橋下　東日本大震災の時の様々な対応について、民主党政権が議事録を残していなかったことが報じられましたね。

三浦　震災当時は菅政権でしたが、その前の鳩山由紀夫元首相も新聞のインタビューで「自分が総理のときの記録を残しておくべきだった」と発言して、軽く炎上していましたね。自分も残していなかったという。

橋下　僕は、アメリカの強さは、そうした政治行政の活動記録を蓄積し、それを広く公開するシステムを構築していることにあると思います。あちこちにある公文書などの資料館も充実しているので、それらの資料を基に、民間のシンクタンクが強くなる。だから政権が代わって、政府幹部がごろっと入れ替わっても、これらのシステムやシンクタンクを活用して、政府組織が回っていくんでしょう。三浦さんが官邸で心配された人の入れ替わりによる組織の持続性は、アメリカではあまり問題になりませんね。

他方、日本ではこれらの知見が担当者の頭の中に記憶として残っているだけなんです。先ほども言いましたが、僕は知事・市長時代、職員の活動は原則文書化、データベース化してできる限り公開するシステムにしましたが、これまで消えていった知見を想像すると恐ろしくなります。

三浦　イギリスのように公式史家を入れて、極秘資料もすべて見せたうえで、公式ヒストリーを書かせるみたいなことをやってもいいと思うんです。たとえばフォークランド戦争については上下二冊のしっかりとした記録が公刊され、私たち外国人でも読めるようになっています。ノルウェーも先だって、アフガニスタン戦争に参加したときの活動を外部有識者を交えて総合的に評価し、分厚い報告書を出していましたから読みましたが、面白い。同盟強化にとって必要な参戦であったこともリアルに描いてある。

橋下　政治行政の活動をしっかり記録化して、公開するかどうかは、政治を評価する重要な基準になりますね。

9条改正問題の論点

三浦　これまで外交・安全保障について話してきましたが、最後に憲法9条の問題を論じたいと思います。

橋下　憲法9条は、日本が自国を守ることができる軍事力をきちんと持てるように改正すべきというのが持論です。ただしそれは国民生活を直接豊かにするものだと国民は感じていないので、憲法9条の改正には、YES、NOいずれかの意思を持っていても、熱量は低いでしょうね。本当は国民生活を支える基礎中の基礎なんですけど。

ですからもし9条改正を本気でやるのなら、政治家は国民にもっともっと訴えて、熱を入れ込む必要があるのですが、安倍政権がそこまで本気になっているとは思えません。もちろん、その他に取り組むことがたくさんあるんでしょうが、憲法改正をやるには問題提起型にならないといけません。大阪都構想も、役所の仕組みを変える話なので、僕が最初に提案した二〇一〇年当時は、有権者もメディアもインテリたちもピンと来なかった。熱量はゼロでした。そこから猛反対を浴びながらも、訴えて、訴えて、訴えて、選挙、選挙、選挙の連続で、二〇一五年には一度住民投票で負けはしましたが、さらに再挑戦。先日の春の統一地方選挙では、大阪府知事、大阪市長が入れ替わる前代未聞のダブル・クロス選まで仕掛けて、やっと市民の熱量が高まってきた感じです。熱量が低いテーマを動かすには、問題提起型の政治で、有権者の熱量を高めなければなりません。

三浦　私もいまの安倍政権が憲法改正に取り組む本気度は足りないと思います。国政選挙とのからみでいえば、憲法改正をいちおうのテーマにすることで、現在、衆参両院で野党第一党である枝野さんの率いる立憲民主党を、日米安保反対の護憲論者に押しこめることができる。むしろ安倍政権はそういう戦略なのではないかと勘繰っています。これは前にも述べましたが、護憲の立場を強調すればするほど、確実な、しかしごく限られた支持層の支持しか集められなくなるからです。一種の封じ込め作戦ではないか、と。憲法改正の論議が進まないのは自民党が本腰を入れていないからでもあります。各議員が熱い思いを抱いて改憲論議に加わっているようでなければ、改憲などできるはずがないのです。

そうした政治的観測はさておくとして、私も9条の改正は必要だと思います。具体的にいえば9条の第二項ですね。9条の第一項でうたわれた戦争の放棄に関しては、これは自衛戦争以外の戦争を禁じる国際法と重なるものです。

〈日本国民は、正義と秩序を基調とする国際平和を誠実に希求し、国権の発動たる戦争と、武力による威嚇又は武力の行使は、国際紛争を解決する手段としては、永久にこれを放棄

する。〉

橋下　いま、国際法上で認められているのは、他国から攻撃を受けた際の防衛のみですね。つまり9条第一項と大きな相違はありません。

三浦　ええ、ただ他国から攻撃を受けただけでは不十分で、急迫不正の侵害が生じている必要があります。正当防衛の要件と同じですね。そして、国際法規範的には外交手段を尽くしたうえでの均衡性を保った反撃である必要があります。均衡性とは、簡単に言えば、少々殴られたくらいで相手を殺してはいけないということです。

遡れば、第一次世界大戦の悲惨な犠牲を受けて、一九二八年のパリ不戦条約に結晶化した「攻撃的戦争はしない」という理念を、最上の形で明文化したものだと評価できるのがこの憲法9条第一項です。日本がこの理念を世界に先駆けて憲法に盛り込み、これを守り続けてきたことは、それ自体、国のブランドになるものでしょう。問題は、この憲法草案を作ったアメリカ自身は、外交の余地があるのに一方的に戦争を仕掛けるなど、この理念をまったく守っていないことですが。

ただし、日本人が誤解してはならないのは、憲法9条があるから平和が守れているというわけではないことです。戦後、日本が直接戦争に巻き込まれなかったのは、日米同盟に守られていたから。アメリカが守ってくれていたからにほかなりません。

そこで第一項は当然残すとして、付け加えるべき点はいくつかあるでしょう。まず自衛隊の存在と、内閣総理大臣が自衛隊の最高指揮権者であることを憲法に明記すべきです。なぜ自衛隊を憲法に明記しなくてはならないのか。それは軍が国家にとって特別な存在だからです。敵国の攻撃から国を守ることができるのは、軍隊だけですから。国運を左右するものであり、運用に失敗した場合のダメージも大きい。さらにいえば、兵士という存在は志願制ではありますが一般市民としての権利を一部制限されることで成り立っています。国民の人権に関わる事項を規定するのは、憲法でなければなりません。

たとえば、現在の憲法では軍隊を裁くための法律、軍法が存在しません。極端な言い方をすると、自衛官が間違った戦闘行為をしてしまった場合、どう裁いていいのか、通常の法廷が扱える範囲を超えてしまう可能性があります。だから、軍事法廷を設けて、その上に最高裁判所があるという仕組みを整える必要があります。

さらに三権分立の立場からは、行政の長である総理大臣に最高指揮権を与える以上、立法府の国会には開戦の承認権限を与えないと、憲法上の不均衡が生じます。現状では法律事項として国会に開戦の承認権限が与えられていますが、これは憲法事項としてよい重要性があると思われます。問題は第二項です。

〈前項の目的を達するため、陸海空軍その他の戦力は、これを保持しない。国の交戦権は、これを認めない。〉

私はこの二項を削除する必要があると考えています。

橋下　二〇一八年に自民党が発表した「改憲四項目」では、この二項は残す形になっていますね。そのうえで「9条の二」として、

（第一項）前条の規定は、我が国の平和と独立を守り、国及び国民の安全を保つために必要な自衛の措置をとることを妨げず、そのための実力組織として、法律の定めるところにより、内閣の首長たる内閣総理大臣を最高の指揮監督者とする自衛隊を保持する。

（第二項）自衛隊の行動は、法律の定めるところにより、国会の承認その他の統制に服する。

が付け加えられています。

三浦　なぜ9条第二項が問題かというと、現在、政府は自衛隊を「日本を防衛するための必要最小限度の実力組織」と位置付け、「戦力」には当たらないとしたうえで、専守防衛の方針は堅持すると説明しています。しかし、この専守防衛を見直さなかったら、憲法

改正の意義はぐっと下がります。自民党のたたき台草案で示されたシビリアンコントロールの強化とその憲法明記はとても重要なのですが、やはり理想を言えば専守防衛は見直すべきでしょう。

専守防衛の一番の問題点は、抑止力が減じてしまうことです。憲法解釈を変えればよいという意見もありますが、ならば今すぐにでも専守防衛を見直すべきです。徐々に議論をはじめようという人は、軍事のリアリティがわかっていません。

今の自衛隊のパイロットは、基本的には領空侵犯を撃退することを主な目的にしていますが、それと敵基地の攻撃とは、まったく違う任務になります。敵を攻撃するためには、パイロットのメンタリティーも含めて特別の教育、訓練が必要になるのです。つまり、今、日本には、敵基地を攻撃する能力はありません。そのための訓練を行っていませんから。言葉さえ変えれば実現するというのは素人考えなのです。

橋下　三浦さんの論には色々言いたいところがあるのですが（笑）。今回は憲法論を展開する場ではないので一部だけ。現実には、もはや憲法9条の改正は政治の最重要課題ではないのではないか、という気がします。多くの国民は、憲法9条をめぐる神学的な論争にもうあきあきして、より具体的な防衛政策に関心があるのではないでしょうか。確かに憲法9条の賛成反対では、現時点では国民は真っ二つに分かれるし、むしろ何となくの恐怖感や現状維持の気持ちが強く出て、反対派の声のほうが大きいのかもしれません。しかし、安倍政権は、防衛問題に対して、ひとつひとつ具体的な手を打ってきたから、国民に支持されたのではないかと思うのです。

政策を前に進めていくという立場でいえば、野党はもっと具体的な防衛戦略を提示できなければ、支持は広がらないでしょうね。

僕は、後にも述べますが、今の日本の状況では、憲法に内閣総理大臣の指揮命令権と自衛隊という組織を積極的に明記することには反対です。憲法に明記されている特定の行政機関は今は存在せず、全ての行政機関は憲法72条によって内閣総理大臣の指揮監督に服することが定められています。ゆえに自衛隊をその他の行政機関と同じように扱うのがシビリアンコントロールの基本だと思っています。

ゆえに、もし安倍さんが自衛隊の違憲論争に終止符を打つために9条改正をするというのであれば、「憲法9条一項、二項は自衛隊の存在を妨げない」という消極的規定にするべきだと考えています。ちなみに、自衛権とは個別的自衛権であると明記すべきという一部見解には大反対です。権力はとにかく縛ればいいというわけではありません。「適切に」行使させることが重要なのです。国家国民を守る際に有事の事態に必要な自衛権の行使が縛られることはあってはなりません。ただし暴走にならないように「適正な手続き」を定めることが必要です。警察権や検察権と同じです。ここはこれから大いに議論されるべきです。

憲法論は色々あるとしても、政治の面で考えなければならないのは、改正を「どう実行するか」「今の段階ではどこまで実行するか」という点です。理想論の最終ゴールを唱えるだけでは雄叫び派になってしまいます。政治はやはり実行が肝心で腹黒派にならなければなりません。憲法9条改正は色々な人が、これまでも散々主張していますが、重要なことはその実行プロセスです。さらに、いきなり理想の最終ゴールにまでたどり着けなくても、まずはここまでという中間目標を設定することです。

大阪都構想も、「府庁と市役所を一つにまとめる！」「二重行政の解消！」と言うのは簡単ですが、それを実行するためには膨大なプロセスを踏まなければならず、大阪維新の会は、その階段を着実に登っています。途中住民投票の否決で転んでしまいましたが。また、僕は日本の役所の仕組みは、道州制に変えるべきだと思っていますが、いきなりその最終ゴールにたどり着くのは無理です。ゆえに道州制への一里塚として大阪都構想を位置付けていました。

まず憲法9条改正の最終的なゴールとしては、二項を削除しきちんとした軍事力を持つ国になることです。しかしそのゴールに到達するには、いくつかの重要な課題をクリアーしなければならないと考えています。その課題を解決しなければ、国民の熱量が高まらないでしょう。

靖国問題の解決策はA級戦犯の分祀

橋下　憲法9条改正の熱量が高まらない要因の一つは靖国参拝問題です。国のために戦って命を落とした人に対して、国のリーダーが頭を下げて尊崇の念を表する。これは国家として不可欠なことだと思います。日本においては首相だけでなく、天皇陛下が重要です。やはり首相や天皇陛下が靖国神社にきちんと参拝に行ける環境を整える必要があります。それには、信教の自由や政教分離を定める憲法二十条を改正して、今は一宗教法人である靖国神社を特別に国立化し、A級戦犯の分祀をした上で、国立の戦没者追悼施設にするしかないと思います。

その意味で、僕が注目しているのは旧日本軍の陸軍墓地です。全国に八十カ所以上あって、かなり荒廃が進んでいたのですが、日本維新の会の熱い訴えにより安倍政権が予算化して、整備が進められようとしています。この陸軍墓地を国立の追悼施設にしようという機運はまだ生まれていませんが、靖国神社の国立化が実現するまでの間のひとつの可能性として考慮の余地はあると思います。

三浦　私も、靖国神社を国家管理にしてA級戦犯を分祀すべきだと思っていますよ。これまでも国立の追悼施設は検討されてきましたが、靖国神社の求心力は絶対になくなりません。問題なのは、戦闘行為ではなく東京裁判などの軍事法廷の判決によって亡くなったA級戦犯や裁判中、収監中に病死した人までが合祀されているからです。国家による戦争被害ということであれば、空襲などで亡くなった人もいるのに、そちらは祀られていません。A級戦犯が重要なのは、戦争の意思決定者だからです。彼らを国家の犠牲になったという価値観で扱えば、責任の所在が真空になります。

橋下　雄叫び派は「靖国参拝！」と叫ぶのですが、あれだけ靖国参拝にこだわりのあった安倍さんも一度しかなっていません。稲田さんも一番参拝しなければならなかった防衛大臣在任中には、結局できなかった。今、安倍政権の閣僚は誰一人参拝していません。彼ら彼女らはしたくても、できないのです。これはいくら雄叫び派が叫んでも、責任ある首相や閣僚の地位に就くと、中国や韓国に配慮して参拝ができないというのが政治の現実です。そして閣僚たちは責任のない一国会議員に戻ると雄叫び派に戻ります（笑）。

もうひとつの課題は、戦争被害に対する一般的な補償制度の確立です。今の日本の立法府、行政府、司法府の考え方では、戦争被害について国民はある程度我慢しなければならない、となっています。先の大戦でも、基本的には軍人に対してのみ補償があり、一般の国民にはそれがありませんでした。先進国で一般的な補償制度が存在しないのは日本くらいです。これは、政治が戦争に踏み切るかどうかを判断する際の足かせにもなるでしょう。国民全体への補償の義務を負うのですから、戦争の決断はますます重くなります。

さらなる本質的課題は、今の国会議員の訓練です。憲法9条のおかげで、国会議員は軍事的なマネジメントの機会を与えられなかった。そんな国会議員たちに、憲法9条二項を削除したフリーの軍事力を持たせるのは危険です。僕は国会議員の現実を見てしまっていますし（笑）。ゆえに、国会の防衛委員会に制服組の自衛官が来て、議論できるようにすべきです。それも単純に野党が政府を追及するだけでなく、野党議員のしょうもない質問には、制服組自衛官がバシッと言い返せるような場に。そして、日報問題でも議論しましたが、公文書の管理が徹底される日本政府になることも大前提です。不都合な真実を隠し、嘘を簡単につくような今の日本政府にフリーの軍事力など持たせるわけにはいきません。

これらをクリアーしないことには、憲法9条二項の削除はやってはいけないし、いくら雄叫びを発しても国民はついてこないでしょう。逆にこれらをクリアーすることで、国民の熱は高まり最終ゴールにたどり着けると思います。ここでも雄叫び派、改正絶対反対のきれいごと派、そして改正の実行プロセスを考えてそれを進める腹黒派の三つの方向性に分かれるでしょう。

歴史問題は腹黒型で考える

橋下　ここで歴史認識についても論じておきましょうか。これも日本の政治家は、雄叫び型かきれいごとの全面謝罪型のどちらかになってしまう傾向がある。僕はもう一つの方向性として「相手の立場に立って、自分の立場を主張する」腹黒型があると考えています。

たとえば日韓併合条約について、「合法か違法か」と聞かれたら、日本人である僕は合法だと言います。併合によって韓国の近代化に日本が尽力をしたことも事実でしょう。ただし、こうした日本人の歴史認識に対して、不快に感じる韓国の国民がたくさんいるのも事実で、韓国国民にそのような感情を捨てろと言うことはできません。僕が韓国人であれば、やはり併合は無効で、「日本人よ、偉そうにするな！」と言うでしょう。それほど民族の自立ということにはどこの国でもこだわりがあるもので、それを踏みにじられたら悪感情を持つのは当然のことです。だいたい過去の戦争も、今の戦争も、民族の自立が要因となっているものです。日本の雄叫び派の多くだって、東京裁判は無効で、GHQによる占領政策やその間の日本国憲法の制定も押し付けで許されない！ と言っているじゃないですか。韓国国民の感情もそれと同じでしょう。

それに、僕はいつも疑問に思っていることがあるんです。日本による韓国併合は韓国に近代化をもたらしたんだから悪く言われる筋合いはない、と主張する日本人が、なぜかチベット問題のときには、侵略されたチベット側の主張を全面的に受け入れ、チベット民族の独立を叫ぶんですね。文献を読めばいくらでも書いてありますが、中国の人民解放軍が占領する前のチベットは、宗教関係者がとんでもない特権を持って、農奴制度が敷かれており、市井の人々は大変貧しい暮らしを送っていました。まさに両班《ヤンバン》という貴族が特権を持っていた前近代の朝鮮と同じ状況でした。朝鮮半島を近代化した日本はよくて、チベットを近代化した中国はダメだというのは論理的ではない。近代化のために民族の自立を奪うことはいいのか、悪いのか、どちらかの見解に統一しないとダブルスタンダードです。

僕はやはりよくない、という立場です。ですから日韓併合は合法だとは思いますが、やはり韓国国民の感情には一定の理解を有します。

三浦　とくに女性の地位は非常に低かった。それを「近代化した」という中国の言い分は、単なる政治的な言い訳とはいえない面があります。

橋下　中国共産党のほうは、我々が近代化したんだと正しさを主張するわけですが、チベットにしてみたら、中国人がやってきてチベット人を迫害していると主張する。立場が異なれば歴史認識など異なるものです。

三浦　両方の言い分があるわけですね。

橋下　歴史認識はお互いの立場から、それぞれ主張すればいい。歴史認識の完全な一致を求める方向性はきれいごと派です。そして相手の立場を考慮することなく、相手をバカにして罵倒する方向性が雄叫び派。そして腹黒派は、「歴史認識は一致することはないことを前提に、相手の立場に立って、自分だったらどうするだろうと考える。自分でも同じことをすると思えば、相手に一定の敬意と理解を示した上で、相手をバカにすることなく、論理的に自分たちの考えを強く主張する」という方向性です。相手の立場に立って自分ならどうするだろうと考えるフェアな態度が歴史認識においては不可欠です。

だから、僕は文在寅大統領が日本に強気に出てくる気持ちは理解できる。彼は朝鮮民族のために頑張っていると思いますよ。そこには敬意を表した上で、しかし日本人として、日本の考えを押し通す知恵と工夫を凝らす。ルールを武器に、そしてフェアに。これが腹黒派です。

三浦　ここはとても重要なところで、要は相手の立場に立って物事を見るというリアリズムが、今の日本、特に橋下さんの言う雄叫び派の人たちから忘れられています。日本は過去に多くの戦略的判断ミスを犯してきました。その多くは、相手の立場が的確に見えていなかったり、交渉可能性を自分で断ったりしたことによるものです。第一次世界大戦中に中国に出した「対華二十一ヵ条要求」しかり、「国民政府を対手とせず」で知られる日中戦争での近衛声明しかりです。なかでも悲劇的なケースが、太平洋戦争の開戦直前にアメリカから出されたハル・ノートでしょう。これを、東郷茂徳《しげのり》外相は日本に対する最後通牒として受け取ります。相手の気持ちに立って、どうしてこういう文言になったのかを探っていれば、まだ交渉は続けられた可能性は高かったと思うのですが、日本人は「最後通牒だ」と思いこみ、アメリカの状況を読み込むことなく、開戦を決定してしまった。しかも、短期決戦で講和できる、という誤った見込みに基づいてね。

橋下　僕ら弁護士の世界では、法廷において、雄叫び派のように自分たちの主張を一方的に叫ぶだけで、それが通るということはありえないんですね。相手方がどういう主張をしてくるのか、相手方の立場に立って考える腹黒派でないと裁判なんて勝てない。特に中国や韓国は歴史認識を持ち出して、戦を仕掛けてきています。彼らの国際社会に向けての広報には気合が入っています。まさにこの歴史戦に勝とうと思えば単純な雄叫び派ではダメなんです。腹黒派のスタイルこそが、世界各国の共感を呼んで最終的には日本の主張に理解を示してくれると思います。

そういえば、日本を許せないという韓国の主張は、石原慎太郎さんがGHQを許せないという主張と重なりますが、石原さんは敗戦後、米兵に殴られた経験があるそうです。また実際のGHQの横暴さを現実に見ている。そんな石原さんのアメリカに対する感情を、僕らの世代が全否定することはできません。

三浦　そうでしょうね。橋下さんは、石原さんと一緒に政党の代表も務めていましたが、一番の違いはなんだと思いましたか。

橋下　結局、戦争体験のあるなしの違いだなと思いました。僕には戦争体験がない。だから、一九六九年に生まれてからの戦後日本社会が基本的には好きなんですよ。そこにアメリカや世界に対する強烈なルサンチマンはない。

三浦　それは示唆的ですね。世代の経験の違いが対外認識にも影響するとすれば、基本的に橋下さん以降の世代はアメリカによってもたらされた利益を感じて生きている親米派が多い。日米同盟に対しても評価する立場が優勢ですが、この世代が中国に対してうまく対応していけるかはまだ未知数です。

橋下　やっぱり人間、自分の体験が自分の思想、考え、主張の核になることは仕方がない。だからこれから始まるであろう安定的な皇位継承についての議論において、天皇制が議論の中心になるかと思いますが、時代によって世代によって、考えが異なってくるのは当然のことです。天皇が国民統合の象徴であるならば、その時代時代の国民意識を表すものが天皇の本質になるわけですから。

ただし自分の体験だけでは、間違ってしまう場合がある。だからこそ、歴史を勉強して、自分の体験を補っていくしかないと思います。歴史は繰り返しますし、一人の人間が人生で体験することなどわずかなものです。自分の体験だけを絶対視しないで、相手の国や自分より前の世代の体験も理解する。歴史の勉強も、相手を罵倒するために勉強する雄叫び派と、理想を語るために勉強するきれいごと派があれば、課題解決をするために勉強するのが腹黒派ですね。

第四章　政治家の仕事とは

中央集権か地方分権か

三浦　これまで経済、外交・安全保障といった国の最優先事項について議論してきましたが、日本が取り組むべき課題はまだまだたくさんありますね。ここからは地方、女性、教育など国のあり方を形作る課題について論じていきましょう。

橋下　では地方の問題からいきましょうか。僕は八年間、地方自治体の首長をやってきましたし、道州制を導入して、もっともっと地方分権を進めるべきだと考えていますが、よく誤解されるのは、なんでもかんでも地方がすべて自由に決めるべきだとは思っていないんです。僕が考える地方分権とは、目指すべき国の大きな方向性は国会や政府で議論して決める。そしてそれをどのように実現していくかは地方が裁量を持ってやりましょう、というのが原則です。地方の目指すべき方向性はもちろん地方で決めます。

だから国が決めるべき領域と、地方が決めるべき領域の役割分担が最も重要なんです。しかし現状は、地方が決めるべき領域・責任を持つべき領域についても国が全て所管してしまっています。国が一律のルールを決めたり、国が主導権を握ったり。そこが日本全体における役所の仕組みの最大の問題点だと思っています。

三浦　ビジネスや講演などで日本各地を訪ねて実感するのは、日本と一口に言っても、地方というのは非常に多様だということですね。特に大都市と地方では産業構造も違えば、住民のニーズもまったく違う。それなのに、霞が関は「全国一律」に過剰にこだわりますね。

橋下　そうなんです。政策実施の具体的細部は、地域にもっとも密着した自治体がその地域の実情にあった形で行うのが最も合理的かつ効率的です。基本方針は経営サイドが考え、具体的な実施は現場が考えるという組織マネジメントの原則と同じです。

また国があらゆる領域に主導権を握ることの弊害が、たとえば森友学園の問題です。一時期、国会が大紛糾しましたね。最初は安倍さんの関与が問われたのですが、やがて森友学園自体の問題、財務省の文書改竄・隠蔽の問題に移っていきました。もちろん改竄や隠蔽などの不正の問題は徹底追及すべきです。

しかし、本来、あの問題は地方議会で取り扱うべき問題であり、国会を揺るがす問題ではありません。これは、森友学園に売却された土地を、財務省の地方出先機関である近畿財務局が所管していたから、財務省の問題となり国会の問題になってしまったのです。そもそも小学校の敷地になるような土地を財務省が出張って所管することがおかしくて、あのような土地は大阪府か関西広域連合が所管すればいいんです。その方が、地域の実情に合わせた活用を迅速・効率よくできます。そして何かあれば、国会ではなく地方議会で議論すればいい。国が主導権を握ってしまったがゆえの弊害の典型例です。

役所が市場をゆがめている

三浦　分権が進んでいるアメリカでは、連邦政府と州政府との役割分担がしっかりなされていますね。もちろん価値観が極端に保守的な州に住むマイノリティや弱者が不利益を受けるなどの弊害もありますが、行政サービスに関しては州政府や地元の自治体が責任を負うかたちは正しいと思いますよ。スウェーデンの福祉政策なんかはその最たるものです。最小単位の自治体（コミューン）が住民の介護と医療の連係に責任を持つわけですから。

橋下　日本でも国・中央政府の仕事をしっかりと絞り込むべきです。資源のない島国日本は、ことさら外交・安全保障が重要で、首相を中心とする中央政府は特にそこに力を入れ、国会も外交安全保障論議に力を入れるべきです。その他の医療・教育・福祉などの内政問題は基本的には地方の役割とすべきです。そうすることによって国・中央政府は強くなります。

ところが、国会議員や中央省庁の役人たちの多くは、あらゆる仕事をぜんぶ自分たちでやりたい、主導権を握りたいと思いがちなんですよ。仕事が自分たちの手から離れて地方にいくということは、権限も離れていってしまうことになる。それは自分の権力の低下と考えてしまうんでしょうね。

三浦　それは、政治家や役人は本質的に新しい価値を生む仕事ではないからでしょうね。民間は生産し、流通させることで価値を生んでいきますが、政治家、役人の仕事は外交を除けば、富を分配したり、規制を作ったりすることに限られます。すると、新しく生まれた価値の量ではなく、縄張り＝権限の広さが成功の指標になってしまっている。だから一度握った仕事を移譲できないのでしょう。役人はしばしば市場を歪めているのですが、その自覚に欠けています。

橋下　結局、政治家や役人たちは、自分が権限を持っているというところが充実感になってしまうんでしょう。

その象徴的な例が、僕が市長時代、大阪市営地下鉄を民営化しようとしたときです。大阪市営地下鉄は、関西圏でいえば阪急電鉄並みの事業規模ですが、その名のとおり、大阪市役所の直営です。市役所所管の仕事を減らし、民間の自律的な合理的経営判断に委ねようと民営化を目指したのですが、これに猛抵抗したのが維新の会以外の大阪市議会議員たちなんです。市営で市役所直轄であれば、彼ら彼女らは議会に地下鉄の経営陣や幹部を呼びつけて、偉そうにいろいろと御託を並べ、悦に入ることができる。彼ら彼女らは阪急電鉄の経営会議に入ることのできる能力などあるわけがなく、そのほとんどが意味のない素人的な経営よもやま話で終わってるんですけどね。ところが民営化してしまうと、彼ら彼女らは地下鉄事業に口を出せなくなってしまうんです。大阪市議会議員は、全国の市議会議員の集まりのときに、自分たちがどれほど多くの大きな権限を持っているか自慢する者が多いとも聞いていますが、地下鉄の権限を手離したくないんでしょうね。

「全国一律」の基準は弊害

三浦　さきほど「全国一律」の弊害の話をしましたが、それが端的にあらわれているのが待機児童の問題だと思います。女性の働き方は、大都市と地方ではまったく違うことは少し考えればわかる。地方では夜間の育児は少なく、早い時間帯にお迎えをする保育所のニーズが多いでしょうし、都会は遅めの時間設定を含めた柔軟なサービスがあるべきです。求められるサポート体制は多様なんですね。それを何が何でも全国一律の基準で対応をしようとする厚労省の姿勢には疑問を感じます。

橋下　待機児童の問題の解消でも、中央省庁の厚労省のほうが微に入り細にわたり、保育行政のルールを決めています。地方の実情にはお構いなしです。子供一人当たりの広さは何平方メートル以上なくてはならない、光を採り入れる量はこれくらいでなければならないとか。自治体、特に地価の高い都市部においては、もっと小規模な保育所ならすぐに建設できるのに、厚労省の基準のハードルが高くてクリアーできず、なかなかつくれないというケースも出ているのです。

以前、厚労省に交渉に出かけたときに、村木厚子さんが対応してくれましたが、やはり基本的な考え方は「全国一律」なんですね。村木さんは最低限度の質や安全の基準は全国一律だと強調していました。これは霞が関の官僚の皆さんが真面目過ぎるんです。つまり全国で行われている行政サービスの質・安全については、全て自分たちが守らなければならないという使命感、責任感です。それには敬意を表しますが、個人メンバーの過剰な使命感や責任感は、組織全体の運営の視点からはかえって邪魔になることもあるのです。保育行政の質や安全の責任は、地方に負わせればいいんです。

三浦　保育所でも同様の問題がありますね。大まかな傾向として、民間に比べて公営のサービスは平均値で安定しているのですが、使う側のニーズには応えているとは言いにくいんです。サービスの時間が限られていたり、夕食の時間になってもきちんとした食事が出されなかったり。そこに追加のサービスを受けたくても、公営では「保育に欠ける子供」、つまり両親などが育児・保育できない子供への福祉、という意識があり、「一律」のかせがあるために、その選択肢がないところがほとんどです。

政治家は単に「保育所を増やします」とか「保育士の給料を上げます」と誰にでも言えることを唱えていても、もう意味がない。いままでのように国や地方が自分たちでこしらえた「一律」のサービスを押し付けるやり方でいくのか、質だけチェック・保証して民間にゆだね、多様な価格とサービスを選択させるのか。それが有権者の求めている選択肢だと思います。

橋下 僕もマーケットを重視し、民間ができることはどんどん民間に任せるべきだと思っています。役所は安全基準だけはきちんと作り、事業者に徹底して守らせないといけない。ところが問題なのは、認可外保育所に基準違反を指導したり、ペナルティーを与えたりすることが、これまでの役所ではきちんとできていなかったことです。立ち入り検査は年に一回で、結果は公表されていませんでした。役所が仕事を抱え込み過ぎて、肝心の安全基準チェックまで手が回っていなかったのです。民間に任せられることは民間にできる限り任せて、役所は自分たちの仕事に集中すべきです。

三浦　この間は無認可の英語保育園の講師による体罰がクローズアップされて問題になりましたね。逆にいえば、橋下さんが言うように、官は安全基準とか環境基準といった行政しかできない規制をきちんと整備するだけでいいんです。あとは規制を緩和して、民間に開放すべきです。あれこれ新たな調整をして民間の取り組みを阻害してしまっては意味がない。

橋下　八年間の政治行政の経験からすれば、消費者ニーズを的確にとらえ、付加価値のあるサービスを効率的に提供するのはやはり民間が得意です。ですから民間のマーケットを最大限に尊重すべきです。この場合には、役所が固執する権限や既に存在する業界団体の既得権を打ち破る必要があります。

　ここでも官を尊重する政治の方向性と、民やマーケットを尊重する方向性に分かれますね。そして安倍さんは、国・中央政府は強くなければならないという考えの下、国・中央政府の権限と責任を重視する方向性です。地方分権には積極的ではありません。しかし腹黒派は、国・中央政府が力を集中する分野を絞り込み、それらを強くするためにこそ地方分権が必要だと考えます。

女性や児童を守るための法改正

三浦　国の大きな役割として、アジェンダ（課題）の設定があると思います。特に女性の権利や児童虐待といった問題は、国が旗を振らないとなかなか前に進みません。

この点では、実は韓国のほうが先行しています。韓国で多くの女子高校生や大学生が男性教諭の性暴力にさらされていたことが次々に明るみに出て、国中が大騒ぎになりました。すると文在寅大統領は国家の非常事態と認定し、文科省にあたる役所が特命チームを作って、高校や大学などですぐに調査に当たらせました。すると著名な大学でも何人もの教授が告発され、ひどい実態がようやく明らかになりました。ソウル大学では、学長になるはずだった生物医学部教授がセクハラ疑惑により候補を辞退しました。二〇一八年十二月には「女性暴力防止基本法」が国会を通過しています。

韓国の性被害、女性差別は日本のレベルを超えてひどいもののようですが、大統領の宣言が出て、政治が動くという点では、国への信頼感は生まれてくるはずです。

その意味で、私が重要だと思うのは、二〇一九年四月に実の娘への準強制性交で罪に問われた父親が、娘の同意のない性交の事実は認められたものの無罪になった事件です。裁判での「抗拒不能」という要件の解釈の狭さを見ると、この国の女性に対する人権感覚がおかしいとしか思えない。橋下さん、弁護士としてはどうこの判決を解釈しますか？

橋下　国のアジェンダ設定の役割には異議はありません。無罪事件については、事案を詳細に確認していない前提で私見を述べますが、日本の司法は、法律の適用については、そんなにいいかげんな判断はしていないと思います。強制性交罪の条文には「暴行脅迫」としか書かれていませんから、その解釈の問題になってくると思います。

三浦　ということは、暴行脅迫の定義がおかしいということになりませんか。こうした問題を取り上げ、必要ならば法改正まで持っていくことが、政治家の仕事ではないかと思うのですが。

児童虐待も同様です。二〇一八年に父親の暴力によって、結愛《ゆあ》ちゃんという五歳の女の子が虐待死した事件がありました。彼女が両親に宛てて「ゆるしてください」と書き綴った手紙は日本中に衝撃を与えました。この時に、もし政府が非常事態宣言を出して、虐待の問題に国を挙げて取り組むとしたら、多くの国民は支持したと思うんです。児童虐待死ゼロを掲げるのは、まさに国家の仕事ではないでしょうか。

橋下　児童虐待死ゼロの宣言を国が出すことに異議はありません。ただ児童虐待の問題は誰が責任者なのかがはっきりしていないことが大問題です。僕はここでも役割分担・権限・責任の所在の明確化が重要だと考えています。
政府が先頭に立って、児童虐待防止の法律をつくっても、やはり現場である地方自治体がしっかり対応しなければ虐待を防ぐことはできません。国・中央政府の役割は目標設定と未達の場合のペナルティー賦課。どのようにその目標を達成するかは地方の権限と責任です。だから、たとえば深刻な虐待問題を放置していたことがわかったら、首長を交代させますよといったルールをつくってもいいのではないか。そしたら首長たちは創意工夫を凝らして一生懸命取り組みますよ。

三浦　選挙で有権者から選ばれた首長を、そんなに簡単に国が罷免する力を与えてしまっていいのかという疑問は残りますね。もちろん地元での対応は重要ですが、やっぱり国をあげての取り組みというメッセージが強い。本来、国の担当分野ではない問題にあえてスポットをあてるという効果も大きいと思います。

橋下　確かに法律によるルールに基づくとはいえ、国が首長を交代させることは、行き過ぎると中央集権的になり、中国共産党体制のようになってしまいます。そこまでではなくても、地方の目標未達などの状況を有権者に積極的に情報公開して、次の首長選挙の際の参考にしてもらうという国家運営マネジメントもあるでしょう。僕が知事のときに、文部科学省と大ゲンカしながら、全国の自治体で初めて、全国学力・学習状況調査の市町村別結果の公表に踏み切ったのは、市町村を本気にさせる意図でした。腹黒派は、どのようにすれば地方自治体をフルに動かすことができるかを考えます。

女性の視点で改革ポイントが見えてくる

三浦　女性の問題を取り上げるのは、もちろん私自身が女性だということもありますが、女性という視点でさまざまな政策を見直したときに、いろいろな改革のポイントがみえてくるからでもあります。それは日本で女性の問題への取り組みが遅れているということもあらわしているのですが。

内閣府によれば、母子家庭の貧困率は五〇パーセントを超えています。しかも働いているシングルマザーでも五四・六パーセントと、OECD平均の二倍以上という異常な数字になっています。父子家庭と比べても年収はおよそ半分しかありません。独り身の高齢女性の貧困率も五六パーセントと高い（同条件の男性は三六パーセント）。こうした状態が放置されていることは、人権問題であると同時に、日本経済にとっても大きなマイナスです。子育てをしている女性が働くことに十分な支援が得られない国だからです。

私も含め少なからぬ女性が、子育てをしながら働き続けるためにベビーシッターや保教育をしてくれるナニーを雇っています。欧米では保育園で全てを解決しようとせずに、こうした在宅での育児サービスが発達していて、女性の社会参画の重要な基盤となっている。私は、こうした仕組みを求めているのはワーキングマザーに限らないと思います。専業主婦であろうが、共働き家庭であろうが、気楽にきちんとしたところに子どもを預けて、自分のためのことをする自由な時間を持てるようなシステムをつくるべきです。もちろん、それがすべてただである必要はありません。ただ、ここは成長産業となりえますし、社会のニーズも大きく、政策として支援する意味も大きい。

橋下　それは大賛成です。今は、働く女性への支援ということが強く叫ばれていますが、専業主婦を含めた全女性への支援であるべきです。

三浦　そうです。育児うつなどの問題はむしろ、家庭から出ない人の方が見えにくく深刻ですからね。働く親に関しては、保教育費の税控除に意味があります。教育費や保育費を働く親の所得から控除し、働きやすい条件を整える。すると、お母さんが働くほど収入もあがり、その分、所得税として国に納められる。子供に好きな教育を施せるほか、民間のビジネスを圧迫することもありません。

大学自体に改革の熱量がない

橋下　では教育の問題に移りましょうか。ここでは主に大学の役割、それも文系、特に経済学や政治学などの社会科学系を念頭に論じていきたい。僕が考える大学の役割は、一つに研究機関、二つに教育機関、三つに政治行政への助言・提言機関というものです。

そして今の大学における最大の問題は、大学自体に改革の必要性の熱量が全然足りないことです。国立大学が集まる業界団体のような国立大学協会は、口を開けば補助金の増額しか言わない。大学こそが社会にとって第一に必要な機関であって、大学が衰退すれば社会が滅ぶ、だから自分たちにお金を入れることは社会の義務だと言わんばかりです。そこには、ある大前提があることを大学人たちは分かっていない。それは今の大学に多額の税金を投入するだけの価値があるのかどうか、ということです。残念ながら、その価値がないところもたくさんあると思いますが、大学人たちはそこをなかなか認めない。

まずは大学の評価を徹底して行うべきです。第三者評価も色々やっているのでしょうが、授業評価は簡単に実行でき、しかも大学評価としては信用力が高いと思います。学生による授業評価はもっと重視されていいと思う。ただし現状の学生による授業評価は実名を記載させられ、当該教授宛てに提出するものが多いらしく、学生は成績に影響することを恐れてきちんと書けないようです。大学が学生による授業評価を重視するなら、細かな配慮が必要です。改革は細部に宿るのです。

それとお決まりの第三者評価ではなく、社会で働いている人たちに大学の授業を積極的に見てもらい評価を受けるべきです。僕が情報収集しただけでも、いまどきそんな授業をまだやっているのか、と呆れる授業も多い。日本の大学は外の目に触れることが少ないですし、相手にするのは基本的にはＹＥＳマン・ウーマンの学生ですので、大学人たちは自分たちは絶対的に正しい、一般大衆とは異なる知的な存在だと勘違いしやすい。そこを正す最初のきっかけは、徹底した授業評価でしょう。

三浦　私はいまは大学の常勤の仕事から離れているのですが、大学改革の必要はずっと感じていました。

大学で一番重視すべきは人材育成だと思います。卒業生の質を高めること、学生の才能を育てることにまずリソースを割くべきで、橋下さんのいうシンクタンク機能や社会貢献などはその次でいい。研究部門の改革などは最後でいいと思います。論文の国際的な引用数を競うなどという目標を立てたりもしていますが、本当に大学でなければならない仕事は何かといえば学生の教育でしょう。

今の大学では、教授会が決定機関となっていて、研究者のなかから学長というマネジメントの責任者を選んでいるのです。人事採用も教授会で決めているので、組織としては互助組織に近い。しかし研究者として仮に一流だとしても、教育者として一流とは限りませんし、ましてや組織経営とはまったく別物でしょう。

ではは大学にどんな人材が必要なのか？　いま重要なのは、マネジメントのできる人でしょう。大学のビジョン、経営、人事などを担当する、いわば大学の経営者です。現場で求められるのは、大学で一、二年生向けの基礎教育を担当する人材でしょう。しかし、多くの大学が、ここでの授業の大半を報酬の少ない非正規の外部非常勤講師に丸投げしています。私が大学の経営者ならば、大学に二種類の人を集めますね。まずスター性のある研究成果の突出している人。もう一つは、教育の能力が高く、過去の知の遺産を守り、きちんと次の代に渡すことのできる人です。学内の自治の名のもとに得意でもないマネジメントに時間を割かれている教員が、教育や研究で大学に貢献できなければ意味がありません。大学の教育力の底上げという意味では、若手にもっとポストを与えるべきでしょう。

今はどこの大学を見てもそうですが、多くの講座がマスコミや役人、元議員などの天下り先になってしまっています。本の一冊、論文の一本も書いていない人がいきなり教授で迎えられるなんて、普通に考えたらありえませんよ。むしろ実務家にはマネジメント側として大学運営に従事してもらったほうがいいと思います。

もっと率直な気持ちを言えば、私は優秀な知的人材が過度に大学に集中するのはあまりいいことではないと思うんです。優れた人材には、名門大学だけではなく、民間企業に行って、新しい価値を生み出す仕事をしてほしい。

橋下　問題意識はまったく同じです。知事、市長のときに府立大学改革、市立大学改革に力を入れました。特にガバナンス改革です。まず経営陣のトップの理事長と、教学のトップの学長を分けました。そして理事長や学長を選ぶのに教授による選挙を廃止にしました。理事長は、知事、市長の下の選考委員会が人選し、知事、市長が任命します。人事についても教授会が関与することを廃止しました。教授会が関与すると自分たちの既得権を守ろうとします。ゆえに大学は全体的・総合的な判断ができなくなっていた。まるで選挙の時に職員組合の全面支援を受けて当選した知事、市長のようです。

ところで、子供たちの教育ではどこを重視するべきだと思います？

三浦　今の教育ではジェネラリスト、つまり何でもできる・させる人を育成しようとしすぎていると思います。私の経験では、大学に入るころには、ジェネラリスト向きかそうでないかは結構はっきり分かれていますから、不向きな人は早めに専門を決めて、教養以外の点ではスペシャリストとして育てていくべきでしょう。

大学は「教育機関」でもあり「シンクタンク」でもある

橋下　僕は、三浦さんよりも大学の政治・行政への助言・提言機能の部分を重視していて、大学の研究成果をもっと政治行政に活かすべきだと思っているんです。しかし、大学の研究者・教授たちの多くは、政治行政の実務がわかっておらず、全体的・総合的判断ができない。極めて近視眼的な虫の眼しか持たない人たちが多いと感じます。

大阪都構想についてもとにかく問題点しかあげず、今の大阪府・市の体制との比較優位の議論をしない。今の府・市の問題点にはまったく触れないんです。単に橋下嫌い、維新嫌いだから都構想に反対しているとしか思えません（笑）。維新政治では、大阪の中心部に「なにわ筋線」という地下鉄を通す計画があるんです。これは関西国際空港と大阪の中心部を結ぶ路線で、完成すると大体十五分程度の時間短縮になる。僕は国交省と大喧嘩をしながらこの計画を進めて、当時の松井知事、吉村市長が実現してくれたんだけど、交通インフラ等を研究している学者たちが「たったそれだけの時間を短縮するためだけに三千三百億円をつかうのは無駄だ！」と大反対をしてきたんです。その流れで維新政治、都構想にも大反対。

僕はそれを聞いて、学者っていうのはたっぷりの時間を与えられて何を勉強してるんだ？ って腹が立ってね。このなにわ筋線を作ることで、いま通勤・通学時に満員電車でパンク状態になっている地下鉄御堂筋線の混雑緩和ができる。さらに、関空行きの特急が走る環状線もパンク状態になっていて定時運行ができないところ、なにわ筋線によって関空行き特急の定時運行が実現する。加えて阪急電鉄もなにわ筋線のネットワークに参加し、その他の東西路線ともネットワーク化することによって、関西に不足していた巨大な鉄道ネットワークがやっとできる。沿線上の開発、特に西成地域の開発が進む。学者たちにはこのような効果がまったく見えてないんですね。交通を研究しているというのに、このレベルの低さは何なんだ？ と。

やっぱり、学者は政治行政の現場にもっと入って、鍛えられないとダメだと思うんです。そこで現実の政治行政を見て経験したうえで、また大学に戻れば、研究のしかたや政治を評価する目がまったく変わってくるはずです。

三浦　よく言われるようにアメリカでは、研究者の一部は大学、政府、シンクタンクといった機関をぐるぐる回って、キャリア形成していきます。しばしば回転ドアにたとえられるのですが、そうやって政策提案力をつけてほしいというわけですね。

橋下　そうです。そうでないと、大学という場所が補助金ばかりかかる壮大なムダ施設になってしまう。

三浦　学者は基本的に経済活動に関心が低いですからね。私は、大学は本来の教育機関としての役割を果たすべきだと考えていますよ。ただ、シンクタンクを強化する必要はあると思っています。学部生教育よりもっと広い意味での、知的営みの社会への還元という役割が必要ですね。

橋下　その点にも異議はありません。僕は、教育は競争社会を生きていくための重要な武器だと思うんです。だから、大学に行きたいという人には、家庭の経済状態に関係なく、能力に応じて等しく教育を受けられる社会にしたいと思っています。それが親の代から続いてしまう経済的格差の固定を打ち破る切り札だと確信しています。

そのためには、高額所得世帯は除くにしても、子供が生まれて大学を卒業するまでの教育費は完全に無償化にすべきと考えます。これは強烈な少子化対策にもなる。しかも保育・教育施設にどんどん補助金をつぎ込むのでなく、子供たちにバウチャーを渡す方式を原則とします。その上で、サービスを受ける側の子供たち（保護者たち）が、施設を選ぶのです。まさに保育・教育施設を選択に晒すのです。

このようにすれば、保育・教育施設は切磋琢磨することになり、選択されなかった施設は淘汰されていきます。教育無償化はダメな施設を生き永らえさせるという批判がありますが、バウチャー制度を組み入れれば、むしろダメな施設を退場させられます。これは大学改革の切り札だと思います。改革努力も授業向上にも力を入れない大学は、子供たちの選択で退場させる。そのような緊張感が走って初めて大学も改革に本腰を入れるでしょう。

僕は知事時代は、私立高校の無償化、疑似バウチャー化をいち早く取り入れ、公立私立高校の切磋琢磨を促しました。そのことによって各学校は自分たちの特徴を打ち出し、子供たちに選ばれる学校になる努力を一段とするようになりました。その結果、選ばれなかった公立高校は統廃合の対象になりました。市長になってからは、所管の公立小中学校についても、子供たちが選択する制度を導入しました。その結果、大阪市の公立小中学校の状況をまとめた資料は、私立学校のように充実するようになり、子供たちはそれを見て学校を選んでいます。

どの政治家も教育に力を入れる！　ということを主張します。教育改革の必要性を叫びます。雄叫び派ときれいごと派は口で言うだけです。本当に改革しようと思えば、教育にも競争原理を導入しなければならない。しかしこれはインテリたちからは猛反発を受ける。腹黒派は、批判を受けてでも教育に競争原理を導入し、やみくもに税金投入をするようなことはしません。

政治家は「権力」をどう使うのか

三浦　ここまで日本の政治をめぐってさまざまな議論をしてきましたが、最後に政治家の仕事とは何かを論じたいと思います。

橋下　政治家の仕事・政治のやり方として、雄叫び派は「権力を使う政治」、きれいごと派は「権力を制限する政治」、そして腹黒派は「権力を『適切に』使う政治」になると思います。権力をできる限り制限していこうとするのが立憲主義だとよく言われますが、それは違います。権力をしっかりと使わなければできないことはたくさんあります。社会保障や所得の再分配がそうです。警察権や検察権そして自衛権も、それを使わないことには国民の暮らしを守ることはできません。ただし権力の乱用にならないような歯止めが必要です。ここで権力の行使のやり方について絶対的に正しい正解など誰も分かりません。

使えば誰かに強制することになるし、使わなければ弱者は救われない。このバランスに絶対的な正解はありません。だから正解にできる限り近づくようにプロセスを踏むというのが適正手続き、デュー・プロセス・オブ・ローの考え方です。権力を使わないのではなく、憲法や法律を根拠として権力を「適切に」使う。僕はこれこそが立憲主義だと思います。ゆえに憲法9条について自衛隊は個別的自衛権であると明記するのが立憲的改憲だと主張する立憲民主党議員などの見解は正しくありません。自衛権を単純に制限することが立憲主義ではないのです。

雄叫び派は、やたらめったらに決断し権力を行使する。きれいごと派は、権力は使うなと言って決断を先送りし、結局弱者を救えない。ここで腹黒派は、手続きにしたがって適切に権力を適切に行使する決断に躊躇しません。

三浦　政治家の仕事は決断だというわけですね。そこで重要なのは、政治の見える化であり、説明責任でしょう。イギリスのオープン・ガバメント（開かれた政府）のように、あらゆる政治的データをオンライン化して、いつでもすぐに見えるようにしておくのは大事。とはいえ、スウェーデンのように全国民の納税額まで公開してしまうのは考えものですね。情報公開というよりも、管理社会の色合いが強くなってしまう。

ある人と政治について話をしていて、「政策の結論には異論はないけど、どうしてその結論に至ったのかプロセスを知りたい」と言われたことがあります。決断に至るプロセス、試行錯誤までをみせることができたら、人々の政治への理解、納得感も増す。

そこで、付け加えたい条件が二つあるんです。ひとつは、歴史や伝統の重視ですね。歴史を知らないでいきなり合理的な政策だと思われたものに突き進むと不幸な結果を招きかねない。アメリカの高名なジャーナリスト、ディヴィッド・ハルバースタムの著書に『ベスト&ブライテスト』がありますね。これはケネディ、ジョンソン政権を支えたマクナマラ国務長官をはじめとする閣僚、大統領補佐官を描いたものですが、彼らのようなきわめて合理的で「最良にして、最も聡明」と呼ばれたピカピカのエリートたちが、アメリカをベトナム戦争の泥沼に導いてしまったのです。

もうひとつは、政策には実現可能性の検討が不可欠だということ。政治家には、本当にやれるかやれないかも分からないのに、しゃべり散らす人が多いですね。例えば北方領土問題でも、ちょっとロシアの態度が硬化すると、すぐにビザなし交流をやめろと言い出す人がいますが、それがどういう影響を及ぼすのか、しっかり計算してから語るべきです。

一〇〇パーセント正しい政治判断はない

橋下　世の中は予想のつかないこと、正解がみえないことだらけです。後から評価することは簡単ですが、その当時の立場では、絶対的な正解など分かりません。まさに暗闇の大海を泳いでいるような状況です。ゆえに一〇〇パーセント絶対的に正しい政治なんてあり得ない。だからこそプロセス・手続きを踏んで正解に近づく努力を積み重ねるしかないのです。ケネディ政権とジョンソン政権のベスト＆ブライテストたちは、自分たちは絶対的に正しいと確信する雄叫び派で、どんどん物事を決定し進めていった。そこには腹黒派的に、適正なプロセス・手続きを踏んで正解に近づけようという意識が乏しかったのでしょう。

また歴史や伝統の重視も抽象的には分かるのですが、政治家は、専門知識を専門家並みに積み上げる必要はなくて、それは官僚や専門家に任せればいい。政治家はあくまでも方向性を示し、決断をして責任を取るというところが主な仕事です。

三浦　でも、方向性を示すにしても、最低限の専門知識は必要ですよ。あるいは、その蓄積に対するリスペクトとでもいいましょうか。知性に対する敬意ですね。打ち上げて、すぐに無理だとわかる決断には誰もついていかなくなります。

橋下　確かに最低限の専門知識は必要ですが、政治家は自分が専門知識を積み上げて、どの見解が正しいのかを見極めるよりも、どの専門家が正しいことを言うのだろうかという「人」の見極めをする能力のほうが重要です。専門家は自分の専門領域だけを勉強すればいい。しかし政治家の所管領域はほぼ無限大です。ここで政治家がありとあらゆる分野において専門知識を積み上げ、どの見解が正しいのかを見極めるのは不可能です。それをやろうとする政治家は多いのですが、それは自分の興味のあることに集中できる一議員の間までのことであって、内閣の一員や首長など政権を担う立場に立つと、そんなことはできなくなります。専門家は自分の意見こそ絶対に正しいと信じ切っている人が多いですが、政治家はできる限り多くの専門家と話をしながら、誰が正しいことを言うんだろうという「人間」の見極めをしなければなりません。そして人を選べば、あとは任せる。これが政治家の仕事のやり方です。研究者じゃなく課題を解決する実務者ですから、自分が研究するのではなく、専門家を人選する能力があれば十分ですし、必要なのです。雄叫び派ときれいごと派は自分が専門家になろうとしますが、腹黒派は適切な専門家を選ぼうとします。

三浦　役割分担は必要ですよ。ただね、知性や歴史の蓄積に対してリスペクトを欠いた政治家には知識人はついて行かない。それはリーダーシップの根幹になければならないものです。竹中平蔵さんがどこかで話していたのですが、小泉改革の中心的アクターとして、ほとんど心が折れそうなほど消耗していたとき、毎朝、小泉首相から電話がかかってきたというんです。そして、絶対に引くなと激励してくれた、と。私は政治家と専門家の関係はかくあるべしと思うんですね。

橋下 僕は政治家時代、様々な分野の学者と議論してきましたけれど、普通は有意義なものです。僕も学者をリスペクトし、学者も改革を実行する僕の苦労を理解してくれている。僕もきちんと勉強した上で、判断しているんです。ところが、一部学者は人をバカにしたような批判をしてくるので、それに対して百倍返しをしたら、それが目立っちゃうんですよ（笑）。

まさに小泉さんは、百家争鳴《ひゃっかそうめい》状態にある見解のうちどれが正しいかを見極めるのではなく、竹中さんが正しいことを言う「人」だと見極めていたのでしょう。もうひとつ政治家の重要な仕事は組織を動かすことです。国会議員の多くは、政府の役職、特に大臣に就いて初めて各省庁の組織運営に携わるので、みんな戸惑うんですね。単なる一議員ならば、自分の意見を議会で披瀝したり、選挙区で訴えたりすればいいだけ。ところが、与党議員が政府組織に入ると、数千人の官僚組織を動かすことになります。組織を動かす能力がなければどんな政策も何も実行できません。

トランプ大統領をみていて凄いなと思うのは、あれだけ無茶苦茶でワシントンの官僚たちが思いも付かない政策なのに、それをとにかく実行していることです。政策を語るのは誰でもできますが、それを実行しようとすれば巨大な役所組織を動かさなければならない。さらにトランプは規制緩和については、政府組織に対して、ひとつ規制を増やすなら二つ規制を潰せと具体的に指示したと報じられています。強烈でありながら、極めて具体的で実効性のある指揮命令ですね。僕が知事、市長のときには思いつかなかった。中国に対する関税率の引き上げについても、段階を追って、対象品目を増やしていき、中国との貿易交渉の状況に合わせて発動したり、延期したりしている。対象品目の設定についても、官僚組織がフル稼働しなければできないことです。このようなことを実行できるということは、トランプは巨大なアメリカ連邦政府組織を上手く動かしていると言えます。

三浦　トランプのリーダーシップがきいているように見えるのは、ひとつには官庁の重要な中間層が任命されていなくて、欠員があまりにも多いので、逆に現場との距離が近くなって、トップダウンがやりやすいということもあると思います。カナダやメキシコとNAFTAの再交渉をしろといった大きな方向転換に関しては、間に入って抵抗しただろう実務官僚層をスキップできた面はあったかもしれない。そのかわり、いろんなところで支障も出ています。

橋下　トランプはその辺を考えて、わざと政府高官を空白にしている可能性もありますね。僕も知事、市長時代、府庁・市役所組織の幹部から抵抗を受けて、僕の考える政策が進まないことがありました。確かに抵抗しそうな幹部を排除し、トップと現場が直接結びつく組織形態の方が、トップダウンは効きやすいでしょう。しかしこのような組織運営には重大な弊害が生じます。それは政策が反対意見に揉まれないので、政策を実行すると様々な問題が生じ、最後には取り返しのつかない状態に陥る可能性が高い。最後決まったことには従うとの誓約を取った上で、トップに対して反対意見、批判的意見を持つ者を要所要所に配置する方が、政策は批判的にチェックを受けます。最後決まったことには従ってもらうのですから、決まるまではどんどん反対意見を出してもらっても何も問題はありませんし、むしろその方が政策は鍛えられる。雄叫び派は強引なトップダウンのみ。きれいごと派はボトムアップと言いながら、結局リーダーシップを発揮できず、大胆な改革・政策を実行できない。そして腹黒派は、最後はトップダウンで決定・実行できる仕組みを整えながら、反対意見がどんどん出てくる組織を作るのです。

おわりに

三浦瑠麗

戦後日本には幾度も衝撃的な「政治宣言」が現れる機会がありました。石原慎太郎氏がソニーの盛田昭夫氏と『「NO」と言える日本』を出したのは一九八九年のこと。石原さんは、政治家として反米とは言わないまでも米国に対して毅然と立ち向かうことを主張し、国際的にも話題となります。しかし、その後すぐ日本はバブル崩壊に続く「失われた二十年」へと突入。米国に毅然と対応せよ、という立場が消えたわけではありませんが、経済的優位を失い、外交・軍事力の裏支えがないなかで、日本は力不足を実感するようになります。一九九三年には小沢一郎氏が『日本改造計画』を刊行し大反響を呼びます。そこで展開されたのは、「普通の国」論。日本が平和を確保し繁栄していくためには国際的な国家となり、普通の国になる必要がある、という指摘は日本社会に大きな転換点を生みました。「普通の国」論は小沢さん個人とは離れて平成の改革の時代を担う思想となっていきます。

政治家の思想が形作られ、文字となっていく過程には、その時々の知識人やビジネスエリート、改革派官僚の思いが込められるものです。政治家の思想とは人びととの思いをすくい上げるものであって、個人というよりむしろ時代の声だからです。

そして、安倍晋三氏が二〇〇六年に出版したのが『美しい国へ』でした。この本は、それまでの米国や国際社会に追いつき追い越そうとするナショナリズムではなくて、「美」という観点から日本のあるべき姿を論じたところに特徴がありました。この本は、安倍さんの総理登板への期待と重ね合わせられてベストセラーとなります。実際に本を繙《ひもと》くと、現代における保守の定義が様々に試みられ、自民党への期待を再生しようという意気込みが感じられる。ただ、この本が先に挙げた二冊と異なるのは、「美しい日本」における私たち、という主観的なものの見方、内向きの視線が色濃く感じられることです。

これらの「政治宣言」本は、いずれも時代の制約の中で日本のナショナリズムを探った結果でした。この三冊の描く軌跡はそのまま、日本のおかれた国際的な時代背景をあらわしています。米国が貿易摩擦で安全保障上の関係を梃子に日本に圧迫を加えていた時代は、米国に反発することがナショナリズムの発露でした。そして冷戦後には、湾岸戦争後に日本が行った機雷掃海活動に象徴されるような国際貢献を通じて、普通の国と同じように振舞うことが、ナショナリズムのあらわれであったわけです。しかし、そうした試行錯誤が一周廻って第一次安倍政権が誕生するころには、もはや日本が取りうる選択肢の幅がそれほど大きくなくなっていることがわかってきます。

グローバル化が進み、世界全体が豊かになってきたかわりに、主権国家の取りうる政策選択肢の幅は極度に狭まっています。国の税制、金融政策、財政政策も、グローバル化によってあらかじめ一定の枠内に規定されざるを得ません。こうした時代には、自国の産業の競争力に影響を与えることなしに、国家が自由に政策をいじれるという考え自体が幻想だからです。また、安全保障面でも日本が取りうる選択肢の幅は狭いといえます。冷戦期は、米国との距離を取れば独自の外交路線を取れるのではないかという幻想がまだ残っていました。冷戦後しばらくのあいだは、ふたたび日本がアジアを向き、外交力を発揮できるかもしれないという期待がどこかにありました。しかし、中国が勃興し軍事大国化した今、日本には反中感情が根付いています。

そうしたなかで、日本にとって米国との同盟を維持強化する以外の選択肢は当面見えません。そのことは、現に反米右派をもっとも代表しえたはずの安倍さんが親米ナショナリズムというあり方を示したことにあらわれていると思います。その一方で、日本の社会は成熟して多様化し、既存の組織は弱体化します。地縁血縁は薄れ、砂粒のような個人が大衆社会を形成する。人々の関心は冷戦時代のようなイデオロギーには向かず、あちらこちらを向いて多様化しています。非正規雇用の人びとが増え、女性の生き方も多様化し、労働組合は多くの労働者の利益を代弁できていません。そして、成熟し年老いた日本社会には閉塞感が漂っています。

既存のシステムは制度疲労を起こしている。それにもかかわらず、旧い秩序（アンシャン・

レジーム）は頑固に残っており、びくともしないように見える。ただでもグローバル化によって政策の選択肢の幅が狭まっているところ、抜本的改革をしようとしても、物事はまるで前に進まない。結果として、乱暴な言い方をすれば、世の中にある大きな課題の九割方はもはや動かせなくなっているのです。

アベノミクスで金融政策を振り切り、財政政策にもあらかじめ限界があるなかで、現状でほかにできることはもはやほとんどありません。結果、日本の政治社会はかつてないほどにまで膠着化しています。物事が動かせなくなったとき、何が起こるか。社会は内向きになり、アイデンティティ・ポリティクスが登場します。大きい論点が表出しづらい結果として、小さい情緒的な分かりやすいテーマに社会の関心が惹きつけられるからです。皆さんがTVなどで目にする小さな社会的な事件、それらがここまで話題となり、SNSで議論となって噴出するそもその理由は、社会の膠着《こうちゃく》化にあるのです。これは他の先進国にも言えることで、日本独自の問題とは言えません。

閉塞感が極大化し、それがマグマのように溜まっている状態。それが続くと、「動かす」ことへの期待が高まります。閉塞感を打破してくれるかもしれない、九割の物事の方を動かしてくれるかもしれないという期待です。もうお分かりのように、この社会の膠着化に対する抗《あらが》いが橋下徹という政治家であったわけです。そして、彼を支持した人々は閉塞感の打破に期待を込めたのだといえます。

ここで少し二人の話をすると、私が橋下さんに初めて会ったのは意外にも最近のことです。彼が政治の世界を退いて、TVや言論の世界に戻ってきたはじめのころでした。大阪都構想の住民投票に彼らが負けてちょうど四年が経ちます。政治の世界で活躍する彼を離れたところから分析していたときも、こうして長時間語るようになってからも、私の橋下さんに対する見方はそれほど大きくは変わりません。当時から、橋下さんが代表する運動は「ポピュリズム」ではなくて「ムラ社会の閉塞感の打破」だと私は分析していたからです。二〇一九年四月の統一地方選と大阪府市の首長ダブル選挙で維新が躍進したのも、日本社会が相変わらず膠着化しており、閉塞感の打破に向けた人びとの期待が消えていないからです。ただひとつ、話すうちに確信を深めたことがあります。それは、橋下さんが意識的にせよ、無意識にせよ、こうした時代の流れを的確に読み取っているということ。そして、彼がアンシャン・レジームの破壊と閉塞感の打破の側に相変わらず存在しているということです。では、こうした立場と安倍政権との違いはいったい何なのか、と問う人もいるでしょう。両者を自由競争や保守イデオロギー、政治手法などで一括りにして論じる人は少なくありません。安倍さんは強引だとか、特定の価値観へ導こうとする傾向が強すぎるといった批判をする人に象徴されるように。

確かに、安倍さんは『美しい国へ』で示したようなアイデンティティ・ポリティクスを展開しています。しかし、同時にアンシャン・レジームの代表でもあるのです。だからこそ、手堅い政策は展開するけれども、社会の閉鎖感は消えません。安倍さんはスタンダード化した「普通の国」論で示されたプラグマティズムをうまく継承しつつ、彼なりの「美しい国」論のような心象風景を交えた政治を行っているのだと私は見ています。

そうしてみると、安倍政権はアンシャン・レジームの枠内で行動しています。強い官邸とそれを生み出した小選挙区制度は現在批判にさらされています。とりわけ、ポピュリズム的なものを嫌う知識人のなかに、そうした批判が多い。しかし、他の先進諸国で吹き荒れているような、全て「ガラガラポン」することを訴える勢力から日本を守っているのは、まさに小選挙区制度なのです。先ほど述べたように、国の政策選択肢の幅が狭まり、政策課題をめぐる政党の立場がどんどん真ん中に寄らざるを得ない状況下では、一党優位の国は、むしろ中道の政策を取りやすい。つまり、日本が他の国に比べて安定しつつも閉塞感が漂っているのは、まさにアンシャン・レジームがまだまだ見かけ上は強いからなのです。その意味では安倍政権の用いるポピュリズム的手法は既存の秩序の中でのガス抜き的効果しかありません。

現在、アンシャン・レジームを揺り動かすほどの勢力は政界には見当たりません。野党が与党と競い、改革と刷新をもたらすべく頑張るべきだ、というのは正論ですが、現在の日本における最大野党はかつてないほどに小さくなっています。それは、野党が相変わらずイデオロギーの政治をやっているからではないかと私は思っています。

安倍さんは、よくかつての民主党政権を批判します。しかし、両者の間にそれほど大きな違いはあるのでしょうか。民主党政権の手腕のほどには批判が集まったとしても、基本的には改革派を標榜して自民党を飛び出した人々が参加したり、保守から革新までさまざまな人が参画した政治勢力であったことは間違いありません。安倍自民党は、いまではもっと小さな仮想敵と対峙しています。いわゆる「時代遅れの左派」と戦うというイメージです。しかし、砂粒のようなネットの言論に表れたり、首相官邸前デモに現れるときを除き、それがどこに存在しているのかは誰にも分かりません。ほんとうに朝日新聞や日教組はそういう人たちの牙城なのでしょうか？　もちろん、イメージ通りの人もいるでしょうけれども、実態としての日本はすでに変化して久しいのです。

「普通の国」は実態としてはほぼ実現しています。ただ、憲法を筆頭に日本の「建前」が引き続き存在しているがために、実状は掘り崩されていても論点が残存している。その残存している論点に引きずられて、日本の野党はいまだ戦うべきフィールドの足場を固められないでいます。

では、自民党内部からの改革は期待できるのでしょうか。平成という時代は、日本政治においては保守勢力による改革が繰り返された時代だったのであり、政治闘争と改革が互いを巻き込みながら展開した時代でした。しかし、保守が内部分裂を繰り返して改革を担う時代も、おそらく長続きはしないだろうと私は考えています。小選挙区制が定着し、一度政権交代を経験した今、自民党に自ら割れるインセンティブは存在しないからです。自民党内に政治闘争のダイナミズムが欠ければ、改革が停滞することは必然です。今の私たちが生きているのはそんな時代なのです。

権力闘争が欠けているときには、人はリーダーに背を向け、攻撃します。飽きたから、という理由で権力の交代を望むようになります。けれども、単に権力を交代しても問題が解決するとは限らないのです。短命政権が続いた時代、日本は外交力も弱く、政治決断もできず、安定しませんでした。有為な政権交代勢力が存在しない中でリーダーをすげ替えることには国民自身消極的でしょう。

したがって、今必要なのは健全なやり方で閉塞感を打破することです。保守の中の改革勢力にせよ、野党にせよ、あるいは新たな第三極であるにせよ考えなければいけないことは、九割とは言わないまでも、二、三割をどう動かすかという政治でしか、アンシャン・レジームは揺り動かせないということです。

本書で私たちが提言したいことは、小さなことに次々と感情的に反応したり、自信回復を求めてさまよう無限ループから脱することです。ナショナリズムの発露を求めて反米から反中に情緒的に移行しても、意味はない。国際貢献をめぐる論点も、金融政策をめぐる論点も、普通の国を前提とする限り、そこまで幅のある政策選択肢があるわけではありません。むしろ、そこが論点であり続ける限りは過去の日本にとどまっているのだという言い方ができるでしょう。先進国並みのアイデンティティ・ポリティクスを展開し、社会を分断させることも、また本質的には望ましい方向ではありません。アイデンティティには閉塞感から目を背けさせる効果しかないからです。

日本の閉塞感に対応する政治の選択は二つしかありません。実利に基づく「動く政治」か、アイデンティティ・ポリティクスで閉塞感の「ガス抜き」をする道かということです。今回、政治の選び方をテーマに、橋下・三浦対談を皆様にお届けできるのは望外の喜びです。

橋下　徹（はしもと　とおる）

1969年東京都生まれ。弁護士。早稲田大学政治経済学部卒業。1998年橋下綜合法律事務所を開設。2008年に大阪府知事に就任し、2011年に大阪市長に就任する。2015年に政治家を引退し、弁護士、タレント活動を行っている。著書に『政権奪取論』（朝日新書）、『実行力』（PHP新書）、堺屋太一氏との共著に『体制維新――大阪都』（文春新書）などがある。

三浦瑠麗（みうら　るり）

1980年神奈川県生まれ。国際政治学者。東京大学農学部卒業、東京大学大学院法学政治学研究科修了。東京大学政策ビジョン研究センター講師を経て、現在は山猫総合研究所代表。著書に『日本に絶望している人のための政治入門』『あなたに伝えたい政治の話』（文春新書）、『シビリアンの戦争』（岩波書店）、『21世紀の戦争と平和』（新潮社）などがある。

文春新書

1219

政治《せいじ》を選《えら》ぶ力《ちから》

2019年6月20日　第1刷発行
2019年7月10日　第2刷発行

著　者　橋下　徹
　　　　三浦瑠麗

発行者　飯窪成幸

発行所　株式会社　文藝春秋

〒102-8008　東京都千代田区紀尾井町3-23
電話（03）3265-1211（代表）

印刷所　理想社
付物印刷　大日本印刷
製本所　加藤製本

定価はカバーに表示してあります。
万一、落丁・乱丁の場合は小社製作部宛お送り下さい。
送料小社負担でお取替え致します。

ISBN978-4-16-661219-2